ISBN 978-3-649-63288-7

© 2019 Coppenrath Verlag GmbH & Co. KG,
Hafenweg 30, 48155 Münster, Germany
Textsammlung: Daniela Vogel
Textsatz & grafische Gestaltung: Elmar Möllmann, Internetlitho
Redaktion: Kai König

www.coppenrath.de

Stell dir vor,
du wirst älter und
gehst einfach nicht hin

Mit Illustrationen
von Nora Paehl

COPPENRATH

Inhalt

Lucinde Hutzenlaub, Heike Abidi

Ich dachte, älter werden dauert länger

(Auszug)

Lucinde
*Plötzlich fünfzig: Die, die nicht aus der Torte springt,
oder wie alles begann*

Eine Zahl ist eine Zahl, schon klar. Nehmen wir zum
Beispiel die Fünf. Total harmlos. Auf einer Skala von
null bis zehn ist sie die Mitte. Man kann mit ihr durchaus schon rechnen (zur Not hat man ja auch ausrei-
chend Finger dafür), und man darf sie sogar gerade
sein lassen, wenn man möchte. Prima Zahl also. Und
die Null erst – völlig unkritisch, der Inbegriff der
Bedeutungslosigkeit quasi. Wo also, fragen Sie, ist
dann das Problem mit den beiden Ziffern?
Tja. Einzeln mögen sie wenig bedrohlich wirken, aber
in Kombination ... O weia! Die Rechnung ist ganz sim-
pel: fünf plus null gleich Katastrophe! Zumindest was
mich selbst angeht.
Fünfzig ist für mich das wortgewordene Geräusch, das
Kreide macht, wenn man sie zu heftig über die Tafel

zieht. Fünfzig tut weh! In meinen Ohren, in meinem Kopf UND in meinem Spiegel. Nein, ich möchte das nicht! Trotzdem ist es bei mir in zwei Jahren so weit. Und ganz unter uns: Ich befürchte, ich arbeite mich langsam, aber beständig auf die Wechseljahre zu. Verdammt. Dabei bin ich dazu noch gar nicht bereit! Nur: Wer fragt schon danach, was ich will? Mein Spiegel nicht, meine Waage nicht, meine Wahrnehmung nicht, niemand. Sagen Sie es nur: Ich bin die Allerärmste! Ja, ja. Heike ist da schon einen Schritt weiter. Sie hat die Schallmauer der fünfzig durchbrochen, wie man so schön sagt, und behauptet nun, dass es gar nicht schlimm sei. Pfff. Ganz im Gegenteil, sagt sie, das Leben sei entspannt, gut sortiert und eigentlich überhaupt nicht anders als vorher. Nur schöner. Man selbst sei quasi eine bessere, ausgeglichenere, zufriedenere und mindestens genauso attraktive Version seiner selbst. Heike 5.0 sozusagen. Fünfzig, sagt Heike, sei das neue Schwarz. Alles cool.

Ich glaube das nicht. Für mich klingt fünfzig nicht nach Glückseligkeit, sondern nach einer Diagnose. Nach Wärmekissen und Hausschuhen. Nach Stock und Kreuzworträtseln. Nach Rücken, grauen Haaren und seniler Bettflucht. Nach stetigem Bergab. Nein, ich kann das nicht. Ich will das nicht! Und überhaupt:

Das ist doch nix, worauf man sich freut!

Aber es kommt näher. Und näher. Und immer näher. *Dundindundindundin…* Hören Sie auch die Titelmelodie vom „Weißen Hai"? Gut so. Auf die Achtziger ist halt Verlass. Außerdem war ich da noch jung, deshalb kann ich sie gut leiden.

Dieses Jahr erwischt es erst einmal meinen Mann. Ich habe beschlossen, ihm eine Überraschungsparty zu schmeißen. Mit Torte und Rede und allem Drum und Dran. Problem: Die Freunde und die Torte krieg ich organisiert, aber was um alles in der Welt soll ich sagen? Ich kann doch da nicht stehen und ihn bemitleiden? Heraushüpfen aus der Torte wäre natürlich eine erfrischende Alternative, dann könnte man sicher auf die Rede verzichten, aber ich befürchte, die Rede ist trotz allem die bessere Variante.

Wer mich einmal springen gesehen hat, weiß: Elegant ist anders. Nein, ich bin auf keinen Fall die, die aus der Torte hüpft.

Ich stehe diesem runden Geburtstag, wie wir nun alle wissen, sehr kritisch gegenüber. Ja, ich weiß, dass das albern ist und man das Älterwerden nicht verhindern kann, aber deshalb muss man es ja noch lange nicht mögen, oder? Moment: Wer sagt denn, dass man es nicht aufhalten kann? Millionen Hollywoodstars investieren einen Großteil ihrer Gage in den Erhalt des äußerlichen Optimalzustandes. Manche mit mehr, manche mit weniger Erfolg. Ich habe zwar nicht die gleichen finanziellen Mittel, aber in meinem bescheidenen Rahmen kann ich es doch wenigstens versuchen, oder?

Es gibt ja nur zwei Möglichkeiten: Entweder ich kann es stoppen – oder ich kann lernen, es zu mögen. Heike sagt, wenn alle wüssten, wie toll sich Fünfzigwerden anfühlt, könnte es kaum einer erwarten, bis es bei ihm oder ihr selbst so weit ist. Wirklich, das behauptet sie. Ich glaube kein Wort. Sie sagt sogar, dass sie mir das beweisen kann, indem sie mir die großen neuen Freiheiten zeigt, die das halbe Jahrhundert bringt, dass sie tolle Persönlichkeiten ausgegraben hat und Dinge mit ihrem Mann vorhat, die…

Ich will es ja gern glauben. Aber bis dahin werde ich alles ausprobieren, um dem Verfall Einhalt zu gebieten, meinen Körper in Schuss zu halten, die Schwerkraft auszuhebeln, mein Sexleben anzukurbeln und meine Optik zu optimieren. Und Sie dürfen dabei sein. Juhu! Äh, selbst in meinen Ohren hört sich das eher nach einem Ingenieursstudium an als nach dem Weg zur großen Zufriedenheit. Sei's drum. Ich werde herausfinden, was alles möglich ist. Und ich freue mich darauf. Ob etwas Verwertbares für die Rede dabei ist, werden wir sehen. Zur Not bleibt mir schließlich immer noch der beherzte Sprung aus der Torte.

Heike wollte übrigens unbedingt wetten, dass sie recht hat. Um eine Flasche Champagner an meinem fünfzigsten Geburtstag. Ha! Also, wenn das stimmt, was sie da beteuert, dann spendiere ich gerne eine Flasche. Und wenn nicht, habe ich wenigstens was Anständiges zu trinken.

Heike
Als mir klar wurde, dass ich nicht mehr die Jüngste bin

Na, so was. Die Lucinde aber auch. Wirkt immer so fröhlich und souverän. Dabei hat sie Panik vor der Null. Wer hätte das gedacht? Aber das mit der Rede kriegen wir schon hin. Und beruhigen werde ich sie auch irgendwie. Zumal ich sie ja verstehe. Ich bin ja selbst nicht mehr die Jüngste. Genau genommen ist Lucinde von uns beiden die deutlich Jüngere. Aber ich komme damit klar.

Allerdings kommt vor dem Frieden-mit-dem-Alter-Schließen das Akzeptieren der Tatsachen …

Niemand wird eines Tages mit dem Gedanken wach: Jetzt bin ich alt. Mich jedenfalls überkam diese Erkenntnis nicht einmal an meinem Fünfzigsten. Sondern eher schleichend. Wenn man darauf achtet, gibt es allerdings untrügliche Anzeichen, die diesen Prozess signalisieren. Manchmal gelingt es, sie zu ignorieren. Ich bin sogar ziemlich gut darin. Die ersten sechs kenne ich daher nur vom Hörensagen. Das siebte war es schließlich, das mir die Augen öffnete …

1. Das unbestechliche Spiegelbild

Je schöner man in der Jugend war und je genauer man den eigenen Verfall im Spiegel beäugt, desto schlimmer muss einem das Älterwerden wohl erscheinen. Ganze Industriezweige leben von diesem Phänomen. Zum Glück bin ich nicht besonders eitel. Außerdem hatte ich als junge Frau eine ganz fürchterliche Akne, sodass mir die ersten Fältchen vergleichsweise bezaubernd erscheinen. Und wenn ich mir im Spiegel einmal gar nicht gefalle, sehe ich mir stattdessen meine Autorinnenfotos an. Professionell gestylt, ausgeleuchtet und bildbearbeitet, sehe ich keinen Tag älter als 49 aus. Allerhöchstens!

2. Die sprichwörtlichen Kinder

„An den Kindern merkt man, dass man alt wird", so lautet eine oft gehörte Volksweisheit. Irgendwie scheine ich nicht weise genug zu sein, um zu kapieren, was damit gemeint ist. Ich jedenfalls kam mir, als ich einen kleinen Schreihals mit Dreimonatskoliken hatte und nicht genug Schlaf bekam, uralt vor. Mit einem zwanzigjährigen Sohn dagegen sieht das Leben doch gleich ganz anders aus. Vor allem, wenn wir miteinander chatten, lustige Links hin- und herschicken oder via Sprachnachricht kommunizieren. Irgendwie cool.

3. Das ewige Hamsterrad

Es soll ja Leute in meinem Alter geben, die jetzt schon die Jahre bis zur Rente zählen. Grundgütiger! Wer glaubt denn noch an Rente? Ich mag mir gar nicht vorstellen, eines Tages zum Nichtstun verdonnert zu sein. Nun ja, das wird auch nicht passieren, denn wer sollte mich verdonnern? Als Freiberuflerin müsste ich das schon selbst tun. Und solange mir das Schreiben noch so viel Spaß macht, werde ich damit weitermachen. Ich wäre nicht die erste Greisin, die noch Bücher veröffentlicht…

4. Die dahinfliegende Zeit

Schon wieder Ostern, Sommer, Halloween, Geburtstag, Weihnachten, das Jahr vorbei? Allenthalben wird geklagt, wie schnell die Zeit doch rast und dass das mit den Jahren immer schlimmer wird. Hm. Irgendwas ist wohl mit meinem Zeitempfinden nicht in Ordnung (oder es funktioniert einfach nicht altersgerecht), denn mir geht es gar nicht so. Liegt vielleicht an den vielen Dingen, die zwischen diesen Fixpunkten wichtig sind: Abgabetermine. Deadlines. Messen. Lesungen. Buchveröffentlichungen. Leserunden… Himmel, schon so viel abgehakt und erst Ende Januar?

5. Das schwächelnde Oberstübchen

Okay. Es kommt vor, dass mir mal ein Name nicht einfällt (Carreras, Pavarotti… und wie hieß noch gleich der dritte der großen Tenöre?) – aber das ging mir auch schon mit zwanzig so. Und wie damals muss ich auch heute einfach nur in Gedanken das Alphabet durchgehen, schon fällt es mir ein (A, B, C, Domingo, genau!). Meistens jedenfalls. Und wenn nicht? Auch egal, wozu gibt's Tante Google? Nobody is perfect.

6. *Die müden Knochen*

Wer als Teenager Leistungssport betreibt, in den Zwanzigern Aerobic turnt, in den Dreißigern Marathon läuft und in den Vierzigern mit dem Rennrad die Straßen unsicher macht, hat spätestens mit fünfzig kaputte Knie. Kann mir nicht passieren – ich habe, sportlich gesehen, meinen Körper das erste halbe Jahrhundert meines Lebens geschont und fange erst jetzt an, mich fit zu halten. Warum Ausdauer und Beweglichkeit trainieren, wenn man sowieso noch ausdauernd und beweglich ist? Das wäre ja geradezu Verschwendung…

7. *Die jungen Menschen!*

Ich selbst kam mir also kein bisschen alt vor. Bis ich merkte, wie blutjung die anderen sind! Die Lehrer an der Schule meines Sohnes – fast alle jünger als ich. Der Arzt, der mich operiert hat – noch grün hinter den Ohren. Die Fußballer bei der WM – halbe Kinder. Die Frauen im Park mit den Kinderwagen selbst fast noch Babys!

Dann hörte ich, dass die Fußballer, die mir so knabenhaft vorgekommen waren, ihr Karriereende verkünden – aus Altersgründen. Und mir wurde klar, dass die Frauen mit den Kinderwagen keineswegs minderjährige Frühgebärende waren, sondern gestandene Mütter um die dreißig. Da ging es mir dann auf. Tja. Wenn junge Leute einer anderen Generation angehören, bin ich wohl alt. Oder jedenfalls älter. Aber letztendlich haben dreißig, vierzig, fünfzig und hundert eines gemeinsam: Es sind alles nur Zahlen.

Doch taugt diese Erkenntnis für Lucindes Rede? Kann sein. Ich werde meine Gedanken einfach mal notieren und ihr mailen. Vielleicht kann sie was damit anfangen. Oder wenigstens ihre Panik vor der großen Fünf vor der Null bewältigen. Ich glaube nämlich, viel mehr als die Rede, die sie halten soll, beschäftigt sie ihr eigener bevorstehender Fünfzigster. Vielleicht sollte ich sie damit ein bisschen aufziehen. Mit Humor geht schließlich alles leichter, auch das Älterwerden!

Amelie Fried

Sex im Alter

„IHR HABT NOCH SEX?" Das Entsetzen steht unserer Tochter ins Gesicht geschrieben. „ABER, IHR SEID DOCH SCHON SO ALT!" Ja, stimmt, uralt. 47 und 48. Wahrscheinlich haben wir ja auch nur noch Sex, weil uns Golf spielen keinen Spaß macht.

Eigentlich hat sie recht, unsere Tochter. Warum sollen Leute, die ihren Fortpflanzungsauftrag erfüllt und zwei nette Rentenzahler produziert haben, überhaupt noch Körpersäfte austauschen? Das erhöht nur die Ansteckungsgefahr bei Schnupfen und führt zu Irritationen beim Nachwuchs. Der ist von praktiziertem Sex zwar noch meilenweit entfernt, hat aber schon das Meinungsmonopol gepachtet: Alte Leute haben keinen Sex zu haben.

Nur, ab wann ist man (zu) alt?

Wenn's nach meinem Schwiegervater ginge, wohl nie. Der war nach einer Hüftoperation im Alter von 82 gerade aus der Narkose erwacht, da begann er schon, mit der Krankenschwester zu schäkern. Gut, dass meine Schwiegermutter nicht zu Eifersucht neigt. Der Mann hatte so viel Charme, dass man befürchten musste, er könnte Erfolg haben!

Mein bald neunzigjähriger Patenonkel erwiderte auf die Frage „Wie oft denkst du noch an Sex?" mit den Worten: „Einmal am Tag. Von morgens bis abends."

Auch die in Tageszeitungen unter der Rubrik „Vermischtes" dokumentierten Eifersuchtsdramen unter Senioren lassen vermuten, dass die Leidenschaft langlebiger ist, als gemeinhin angenommen wird. Erst Anfang dieses Jahres stand ein 73-Jähriger vor Gericht, der aus verschmähter Liebe seine 84-jährige Exgeliebte mit einer selbst gebastelten Bombe aus Schwarzpulver, Benzin und Schraubenmuttern in die Luft sprengen wollte.

Oh, mein Gott, denkt man bei sich, hört das denn wirklich nie auf? Bei aller Sympathie für die schönste Sache der Welt – Leidenschaft ist doch ziemlich anstrengend. Die Aufregung, der Schlafmangel – wer hält das denn auf Dauer aus? Deshalb heiratet man ja auch irgendwann und setzt Kinder in die Welt. Solange die klein sind, fangen sie immer an zu plärren, wenn Mama und Papa nur an Sex denken. Wenn sie größer sind, wollen sie uns – siehe oben – den Sex verbieten. Wenn sie noch größer sind, wollen wir ihnen den Sex verbieten. Und wenn sie schließlich aus dem Haus sind und wir den ersten Herzschrittmacher kriegen – dann müssen wir wohl oder übel Golf spielen lernen.

Janne Mommsen

Lust

Als Imke jünger war, hatte sie immer befürchtet, Alt-
sein fühle sich an wie eine permanente Magenverstim-
mung oder ein fürchterlicher Kater. Stattdessen lag sie
nun mit ihren siebenundsiebzig Jahren unter der Bett-
decke und kam sich vor wie ein Mädchen im Hoch-
sommer. Vorhin hatte sie ein heißes Bad genommen,
sich danach von Kopf bis Fuß mit Bodylotion einge-
cremt und dann den verwegenen roten Seidenpyjama
angezogen. Durch das gekippte Fenster kam ein kühler
Hauch vom nahen Meer herein, der eine zarte Liaison
mit dem Himbeerduft der frischen Bettwäsche einging.
Gardinen besaß sie nicht, der volle Mond streichelte
ihr sanft übers Gesicht und warf sein Licht auf den
weißen Elefantenschädel auf dem Bild ihres Lieblings-
malers Brise, das über ihrem Bett hing. Sie streckte sich
einmal genüsslich aus und streichelte mit den Zehen
über den weichen Bettbezug.
Dieses wohlige Gefühl ließ sich noch steigern, was ihr
kleines Geheimnis war. Imke grinste glücklich ins
Mondlicht. Auf dem kleinen Nachttisch wartete der

obligatorische duplo-Riegel auf sie; die Verpackung hatte sie schon vorm Zubettgehen abgestreift. Kaum eine Verhaltensregel aus der Kindheit wurde im Erwachsenenalter noch konsequent befolgt, außer dieser: Keine Schokolade nach dem Zähneputzen!

Das galt jedoch nicht für sie.

Was mit dem Inhalt des Wasserglases neben dem duplo zusammenhing, in dem es übermütig spritzte und sprudelte. Ganz unten auf dem Grund lagerte ihr Gebiss. Natürlich war es für Imke ein Schock gewesen, als ihr erklärt wurde, dass sie ihre Zähne überlebt hatte. Ein Gebiss hatte sie zunächst strikt abgelehnt, aber was hätte sie tun sollen? Nur noch Brei essen? Monatelang Torturen erleiden, bei denen ihr Implantate in den Kiefer getrieben wurden? Zum Glück, musste sie im Nachhinein sagen, hatte sie so heftige Zahnschmerzen bekommen, dass die Entscheidung beschleunigt wurde: Alles war besser als das, also Augen zu und durch!

Imkes Körper hatte unter der Decke die optimale Wohlfühltemperatur erreicht. Nun schnellte ihr linker Arm hervor, die Finger griffen routiniert nach dem Schokoriegel, dann wanderten die ersten Zentimeter Schokolade in ihren Mund. Ihre Lippen freuten sich einen wunderbaren Moment lang über die zarte Riffelung auf der Oberfläche, bevor die Schokolade langsam schmolz.

49,5 Prozent Anteile Vollmilchschokolade explodierten an ihrem Gaumen, und damit war das Fest noch lange nicht zu Ende. Darüber legte sich nämlich eine zweite Welle aus Vanille, besten Haselnüssen und Kakao. Beim Lutschen summte sie Lieder aus ihrer Kindheit – *Üb immer Treu und Redlichkeit, Die Gedanken sind frei, Wenn die bunten Fahnen wehen* –, ihre Bauchdecke vibrierte von innen, und ihr wurde richtig heiß.

Plötzlich schreckte sie zusammen: Ein Mann stand in ihrem Zimmer. Sein mächtiger Schatten war im Mondlicht deutlich zu erkennen. Vermutlich ein Einbrecher. Hatte er sie bemerkt? Es war viel zu dunkel, um zu sehen, wohin er schaute. Sie wollte schreien, aber die Stimme blieb ihr im Hals stecken.

„Imke?", flüsterte eine raue Bassstimme.

Entwarnung. Das war Ocke, ihr Mitbewohner. Hätte er nicht anklopfen können? Was wollte er um diese Zeit von ihr? Schnell ließ sie das duplo unter der Decke verschwinden, das sollte ihr Geheimnis bleiben. Noch wichtiger war es jedoch, das Glas zu verstecken; außer ihrem Zahnarzt hatte bisher niemand das Gebiss zu sehen bekommen. Sie hörte das Wasser neben sich sprudeln, tastete nach dem Glas, doch leider stieß sie es dabei zu Boden. Anscheinend war es nicht kaputtgegangen, aber wo lag bloß das Gebiss?

„Hast du das gehört?", flüsterte Ocke.

Ihre Verzweiflung verwandelte sich in Ärger.

„Das Glas!", beschwerte sie sich laut, als wäre Ocke dafür verantwortlich. Sie bekam den S-Laut einigermaßen authentisch hin, was ohne Zähne eine Spitzenleistung war.

„Komm mal her", raunte Ocke ihr heiser zu.

So nervös kannte sie den ehemaligen Seemann gar nicht, der in vier Jahrzehnten alle sieben Weltmeere befahren hatte. Was war bloß mit ihm los?

Widerwillig schälte sich Imke aus der warmen Decke und berührte aus Versehen mit dem linken Fuß ihre kalten, nassen Zähne auf dem Teppich. Sie hätte schreien können vor Ekel, riss sich aber zusammen. Dann eilte sie zur Zimmertür, die Ocke einen Spalt geöffnet hielt. Er schwitzte stark und roch nach hochprozentigem Alkohol.

„Hörst du das?", fragte er noch einmal.

Imke lauschte auf den Flur, ihr Gehör war immer noch gut. Tatsächlich, aus dem Zimmer ihrer gemeinsamen Mitbewohnerin Christa vernahm sie ein Stöhnen, genauer gesagt stöhnte dort ein Mann, und zwar ziemlich lustvoll. Dann war es wieder still.

„Christa hat Herrenbesuch", stellte sie ungerührt fest.

Deswegen holte sie Ocke aus dem Bett?

„Der Typ hört sich einiges jünger an", raunte er. Vor Aufregung war aus seinem Flüstern normale Zimmerlautstärke geworden.

Imke verstand das Problem nicht: „Es scheint ihr doch gut zu gehen."

Christa war die Jüngste in ihrer Dreier-WG, sie wurde meist auf Anfang fünfzig geschätzt. Ihr wirkliches Alter hielt sie seit Jahren streng geheim. Imke kannte es, hätte es aber nicht einmal unter Todesandrohung verraten.

„Ich will verdammt noch mal wissen, wer unter unserem Dach pennt", zischte Ocke. „Das kann sonst wer sein!"

Imke war empört. Sie waren hier nicht in einem Heim, sondern in einer Wohngemeinschaft, und jeder konnte tun und lassen, was er wollte. Andererseits musste sie zugeben, dass ihr ein Fremder in der eigenen Wohnung auch ein bisschen unheimlich war.

„Lass uns nachschauen", schlug Ocke vor.

„Bist du verrückt?"

„Nur mal 'n büschen luschern."

Ocke schloss die Tür zum Flur und huschte durch Imkes Zimmer zur Terrasse. Während sie betete, dass er im Dunkeln nicht auf ihre Zähne trat, folgte sie ihm hinaus.

Draußen herrschten nicht gerade Pyjamatemperaturen. In der Nacht war die Luft noch erheblich kühler als am Tag.

Vor einigen Jahrhunderten hatte Föhr noch zum Festland gehört, bis eine riesige Sturmflut weite Teile des Landes auseinandergerissen hatte. Föhr war als Inselvorposten weit draußen zurückgeblieben. Hier traf der Wind, der direkt aus Island kam, nach dem langen Weg übers Meer das erste Mal auf festen Boden. Die See gab niemals Ruhe, sie versuchte unablässig, den Fremdkörper in seinem Terrain zu vereinnahmen. Allein durch den mächtigen Deich hinter ihrem Haus fühlte sich Imke gut beschützt, ohne ihn wäre der Boden unter ihr längst eine Sandbank, das war ihr, wie allen Insulanern, immer bewusst.

Die feuchte Kälte kroch ihr unangenehm an den Beinen hoch. Vorsichtig schaute sie um die Hausecke. Christas Zimmer lag zur Straße hin. Ihr Fenster war

weit geöffnet, die Deckenlampe warf ein helles Licht-
trapez auf die Büsche des winzigen Vorgartens. Plötzlich kletterte ein Mann aus dem Fenster, den man im
Dunkeln nicht erkennen konnte, ein großer schwarzer
Hund sprang hinterher.

Wieso nahm der nicht die Haustür?

Mann und Hund verschwanden in einem schwarzen
Geländewagen, der direkt hinter Ockes altem Merce-
des-Taxi parkte.

„NF-SP 23", nuschelte Ocke, als sei er Polizeifahnder
und spreche in ein Funkgerät. Als der Unbekannte
Motor und Scheinwerfer anschaltete, wurden Ocke
und Imke so hell angeleuchtet wie Schauspieler auf
einer Theaterbühne. Leider war es ein grottenschlech-
tes Stück, das hier gespielt wurde, instinktiv hielten
sie sich die Hände vor die Augen. Zum Glück drehte
das Licht schnell ab und verschwand auf der Dorf-
straße.

„Mist", fluchte Ocke, „der hat uns gesehen."

„Mir ist kalt", Imke huschte, barfuß, wie sie war, über
das feuchte Gras zurück. Ihre Zähne hätten jetzt wohl
laut geklappert, wenn sie noch welche gehabt hätte.
Dann trat sie auch noch auf einen spitzen Stein und
quiekte vor Schmerz laut auf.

Bloß zurück ins Bett!

Imke rüttelte an der Terrassentür. Doch die war vom Wind zugeschlagen worden und klemmte blöderweise seit einigen Tagen, sodass sie sich nicht von außen öffnen ließ.

„Auch das noch", stöhnte Ocke hinter ihr.

Wie um sie zu ärgern, frischte der Wind einmal kurz und bedrohlich auf, woraufhin Imkes Blase und Nieren heftig zu protestieren begannen.

„Ich klingele vorne", entschied sie.

„Wie sieht das denn aus?"

„Bevor ich mir was weghole …"

Also gingen sie wieder ums Haus, und Imke klingelte an der Tür. Sie kam sich vor wie ein unangemeldeter Vertreter, der einem Fremden etwas verkaufen wollte, dabei stand ihr eigener Name doch auf dem Klingelschild.

Es dauerte eine Weile, bis Christa öffnete. Sie sah verschwitzt aus, und da ihr weißer Bademantel einen winzigen Spalt geöffnet war, ahnte man, dass sie darunter nackt war. Christa starrte mit ihren klaren blauen Augen auf ihre beiden Mitbewohner.

„Wo kommt ihr denn her?"

Ocke sah Imke an, die wusste aber auch nichts zu sagen.

„Wir waren am Meer", murmelte Ocke schließlich und legte den Arm um Imkes Schultern.

„Im Pyjama, wie romantisch", lächelte Christa entzückt. „Ich hab euch gar nicht weggehen gehört."

„Wir waren ganz leise, weil wir dich nicht wecken wollten", log Ocke, was Imke albern fand. Christa musste klar sein, dass sie ihren Gast wegfahren gesehen hatten, was sollte diese Geheimnistuerei? Christa überging die Bemerkung und wandte sich neugierig an Imke.

„Was hast du da für einen braunen Fleck auf dem Pyjama?", fragte sie.

Imke fiel ein, dass sie ihr duplo hastig unter der Decke versteckt hatte, als Ocke plötzlich im Raum gestanden hatte. Dort war es anscheinend ziemlich schnell geschmolzen.

Als sie wieder in ihrem Zimmer war, fand sie die Überreste des Schokoriegels auf dem frisch bezogenen Laken. Sie legte ihn auf das Nachtschränkchen und huschte unter die Decke, die in der Zwischenzeit ziemlich kühl geworden war. Bibbernd wartete sie, bis ihr Körper warm wurde. Sie war hellwach und blieb es den Großteil der Nacht.

Ottilie Wildermuth

Auch ein altes Pärchen

Der verwitweten Frau Stadtschreiber Krollin musste es in ihrem Ehestand recht gut ergangen sein; denn es gab niemand, der so aufgelegt gewesen wäre, Heiraten zu stiften, wie sie. Wo sie einen „Angestellten" wusste, der noch nicht so glücklich war, verlobt oder vermählt zu sein, da schwebte ihr gleich eine ganze Liste heiratsfähiger Frauenzimmer vor Augen. Waren dann die Leute versorgt, so ließ sie sie ruhig ihrer Wege ziehen; erst wenn sie verwitwet wurden, gewannen sie wieder Interesse für sie.

Für den Augenblick aber schien die Frau Stadtschreiberin genötigt zu sein, auf ihren Lorbeeren auszuruhen. Alle Witwer nah und fern in der Runde waren versorgt, alle Aktuare und Vikare versprochen. So saß sie denn eines Morgens in unfreiwilliger Ruhe, wie ein tatendurstiger Krieger zur Friedenszeit, in ihrem wohlgewärmten Stübchen beim Kaffee, als ihr der Hausherr wie gewöhnlich die Zeitung heraufschickte.

Sie durchlief denn begierig die Reihe der Traueranzeigen; das war aber magere Ausbeute, kein bekannter

Name. „Gegenwärtig stirbt doch auch gar niemand Rechtes", sagte sie verdrießlich.

Bald aber traf sie auf ein erfreulicheres Feld: „Seine Königliche Majestät haben geruht, die evangelische Pfarrei Schniezingen dem Pfarrer Brommeler von Bergmühl zu übertragen." Das fiel wie Tau auf trockenes Land, und eine Welt von Gedanken quoll aus diesen dürren Worten.

Ein Witwer ohne Kinder auf einer so guten Pfarrei! Sie wusste noch gar nicht, wem sie diesen leckeren Bissen zuwenden sollte. Dazu musste der Brommeler noch ein ganz stattlicher Mann sein in den besten Jahren. Das brauchte reifliche Erwägung. Aber war sie denn auch gewiss, dass er noch Witwer war? Vor zwei Jahren war er's noch gewesen, sie hatte aber damals schon gehört, dass seine Haushälterin sich scharf um ihn bemühe; konnte es nicht sein, dass die Bemühungen dieser schlechten Person – jede Heirat war unstatthaft, die nicht durch ihre Vermittlung zustande kam – indes gelungen waren? Das musste ermittelt werden.

Glücklicherweise fiel ihr ein, dass in der fünf Stunden entfernten größeren Stadt die Frau Kammerdiener Rutscher wohne, ein leiblich Geschwisterkind des Brommeler und ihr durch diese Verwandtschaft von lange her bekannt. Sie hätte schon längst in die Stadt sollen, um sich dunklen Kattun zu einem Überrock zu kaufen, da sie durch die fünf Musterpäcke, die ihr zugesandt worden waren, noch nicht zur Entscheidung hatte kommen können. Da war's denn am besten, sie fasste den Entschluss, selbst auszuwählen und zugleich bei der Frau Rutscher Erkundigungen einzuziehen. Demzufolge wurde ein Platz im Deckelwagen des Stadtboten bestellt. Ein Regenguss drohte, als sie eben die Pforte der Rutscherschen Wohnung erreichte, sehr verlangend nach einem guten Kaffee und einer warmen Stube. Siehe, da stand Tür und Tor weit offen; die hochaufgeschürzte Magd war zwischen Kübeln und Sandscherben in vollster Putzarbeit und gab kurzen Bescheid. Herr Rutscher war im Schloss und kam heute nicht heim, die Frau war über Land bei ihrer Tochter, der sie im Wochenbett wartete. Die Magd traf nicht die mindeste Anstalt zur Aufnahme und Bewirtung der Frau Stadtschreiberin. Seufzend schickte sich diese an, ihren Stab weiterzusetzen, ohne zunächst zu wissen wohin. Da kam eine sehr sorgfältig gekleidete ältliche Frau soeben mit nassem Regenschirm zur Haustür herein und hörte noch das Gespräch. „Ach, das wird der Frau Rutscher gar leid sein, so einen raren Besuch zu versäumen! Sie hat mir schon manchmal von Ihnen erzählt. Aber Sie werden doch nicht in dem Wetter fortwollen? Bemühen Sie sich in mein Stübchen!", lud sie die höfliche Frau ein, die, wie die Magd zu der Frau Stadtschreiberin beiseite sagte, Frau Pfarrer Senner war und im oberen Stock wohnte.

Die Frau Pfarrerin war überaus sorgfältig, wenn auch in billige Stoffe gekleidet, hatte sogar etliche Blümlein in ihrer Haube und ein himmelblaues Band darauf, zum Zeichen, dass sie noch für jung gelten wollte, was ihr aus einiger Entfernung auch gelingen konnte, wenn man ihre falschen Haare und ihren zahnlosen Mund übersah. Sie hatte der Frau Stadtschreiberin viel zu klagen über ihre bedrängte Lage, in der sie sich seit ihres Mannes Tod befinde. Ihr bleibe keine Wahl, als zu einem Stiefsohn zu ziehen, was sie bitter ungern tue. Die Frau Stadtschreiberin hatte großes Mitleid mit ihrer Wirtin, und als diese nachmittags mit ihr in sechs Kaufläden herumzog, wo sie das halbe Warenlager herabreißen ließen, bis sie im letzten endlich über den dunkeln Kattun einig wurden, da war die neue Bekanntschaft bei ihr auf den Gipfel der Gunst gestiegen.

Die Frau Stadtschreiberin hatte nun freilich nichts Näheres über den Pfarrer Brommeler erkundet; das war aber auch nicht nötig, denn vier Tage nach ihrer Abreise aus der Stadt erhielt sie bereits einen Brief von ihm selbst, in dem er sich schönstens bedankte für ihr freundliches Zuvorkommen, seine einsame Lage erwähnte und meldete, dass seine Haushälterin den Kunstherd übernehmen wolle, wenn auch ein Backöfele dabei sei und die Töpfe alle in gutem Zustand. Also war er noch Witwer! Das war die feste Grundlage, auf der sich weiterbauen ließ, und jetzt erst kam ihr ein Lichtgedanke: Die Frau Pfarrerin, das war ja die allerbeste Frau für den Brommeler! Sie brauchte dann nicht zu ihrem Stiefsohn zu ziehen, und beide hatten keine Kinder; das passte alles vortrefflich. Ein bisschen alt war sie freilich, aber sie stellte doch noch etwas vor. Ja, es gestaltete sich immer fester in ihrem Kopf: So musste es werden.

Als nach sechs Wochen der Herr Vetter Brommeler kam, um seinen neuen Dienst anzutreten, begann die Frau Stadtschreiberin die Ausführung ihres Operationsplans. Jungfer Philippine, die Haushälterin, die stets höchst besorgt um ihren Gebieter herumscharwenzelte, hatte nicht so ganz unrecht mit dem instinktartigen Widerwillen, den sie bald unverkennbar gegen die Frau Stadtschreiberin an den Tag legte; denn allerdings musste diese ihr Werk damit beginnen, dass sie die Herrschaft der Philippine untergrub und dem Pfarrer die Notwendigkeit einer Frau recht zum Bewusstsein brachte. Zu dem Ende wunderte sie sich gewaltig über den bisherigen Holz-, Zucker- und Kaffeeverbrauch des Herrn Vetters; fand seine Hemden etwas vergilbt, das Tischzeug nicht schön gewaschen, und der Schlussseufzer bei allem war stets: „Freilich, wo eben keine Frau ist!"

Der Pfarrer ließ hie und da ein Wörtchen fallen von einer gesetzten Pfarrtochter der Gegend, von der und jener jungen Witwe, von Jungfer Philippine selbst; da wusste aber die Frau Stadtschreiberin so gewichtige Einwürfe, so schlagende Gegengründe, dass er an keine mehr zu denken wagte. Endlich nach wochen- und mondenlangem Streben hatte sie's zum großen Ziel gebracht, dass der Herr Vetter sagte: „Ja, wenn Sie mir eine taugliche Person wüssten, Frau Base!" Nun war der Damm gebrochen: „Ja, denken Sie, Herr Vetter, ich wüsste jemand, der ganz für Sie geschaffen wäre." – „Doch nicht zu jung?" – „Bewahre, was denken Sie! Ein recht gestandenes Frauenzimmer, eine Witfrau." – „So? – nun – wissen Sie, Frau Base, aber – ich sehe zwar nicht aufs Äußerliche – aber so eine ältere Person hat oft schon allerlei an sich; ich sollte jemand haben, der mich aufheitert; auch eine Person, die noch sauber ist, wissen Sie, schon wegen der Gemeinde." – „Ja, das wäre es gerade: eine so lebhafte Person, sie weiß von allem zu sprechen, und noch so gar wohl erhalten, weiß sich so nett zu kleiden; ich glaube, sie

wird kaum etwas über vierzig sein." Die Frau Stadtschreiberin beruhigte ihr Gewissen in der Stille mit
dem Gedanken, dass nirgends bestimmt sei, wie viel
„etwas" sei. „Und dann", meinte der Herr Pfarrer,
„werde ich doch allmählich älter (er war in den Sech-
zigern); da sollte sie mich auch in kranken Tagen wohl
verpflegen können; es kann an den kräftigsten Mann
etwas kommen." – „Ach, das wäre da gerade die
Hauptsache: Ihr erster Mann ist zehn Jahre kontrakt
gewesen und hatte die Kopfgicht." – Kurz, die Frau
Stadtschreiberin kam so in Eifer, dass Frau Pfarrer
Senner sich am Ende zu einer Perle ohne Preis verklärte
und der Pfarrer kaum erwarten konnte, bis er dieses
Kleinod zu Gesicht bekam.

Nun war die gute Frau in ihrem Element; schon auf
kommenden Montag versprach sie eine Zusammen-
kunft einzuleiten und zog glorios ab, indem sie den
schnippischen Abschiedsknicks der Jungfer Philippine
mit einem Blick voll triumphierenden Hohns erwiderte. Rüstig, als ginge sie selbst auf Freiers Füßen,
wandelte die siebenundsechzigjährige Frau heim.

Viel flinker als das letzte Mal rüstete sie sich jetzt zur
Reise in die Stadt, und der dunkle Kattun wurde dabei
in die Welt eingeführt. Frau Rutscher war diesmal
daheim, aber die Frau Stadtschreiberin hörte nur mit

halbem Ohr auf den sonst so interessanten Bericht von ihrer Tochter Wochenbett und dem Gedeihen des Säuglings, obgleich die Heirat dieser Tochter auch eine ihrer wohltätigen Stiftungen gewesen war. Sie suchte so bald als möglich zur Frau Pfarrerin hinaufzukommen, die schon nach vier Wochen den sauren Zug zu ihrem Stiefsohn antreten wollte. Als die begleitende Frau Rutscher abgerufen worden war, konnte die Frau Stadtschreiberin endlich herausrücken mit ihrem Plane, obgleich sie in der Stille denken musste, Frau Senner könne ebenso gut „etwas" über fünfzig sein. So ganz mit offenen Armen, wie sie erwartet, eilte ihr Schützling dem verheißenen Ehestandshimmel nicht entgegen. Wenn es eben ein zu alter Mann sei und kränklich, so wisse sie wirklich nicht… Sie sei der Ruhe so bedürftig, leide so viel im Magen, dass sie selbst Pflege brauche; wenn sie wüsste, dass sie in große Unruhe käme und so weiter. – Bewahre!, das ruhigste Leben von der Welt, ein ganz rüstiger Mann und ein schönes Vermögen! Da könne sie sich die besten Tage machen; jeden Winter werden acht Gänse gestopft, und eine so schöne Haushaltung! Kurz, der Frau Pfarrerin wässerte am Ende der Mund nach der geschilderten Herrlichkeit, und sie versprach, sich am Montag einzufinden, obwohl sehr verschämt und verlegen. Die Frau Stadtschreiberin kaufte noch ein Viertelpfund Anisbrot auf diesen großen Tag und fuhr im Triumph nach Hause.

Der Montag kam. Salome und die Frau Stadtschreiberin waren eine Stunde früher als sonst aufgestanden, hatten frischen Kaffee geröstet, Gugelhopfen gebacken und die Stube schönstens geordnet. Um elf Uhr kam die Frau Pfarrerin, aufs Sorgfältigste geputzt, im schwarzseidenen Kleide und der Haube mit himmelblauem Band.

Um zwei Uhr hielt die Kalesche des Herrn Pfarrers. Er, der die Damen am Fenster bemerkt hatte, wollte sich ganz jugendlich aus dem Wagen schwingen, welcher Versuch aber ohne die Beihilfe seines alten Matthes, des Pfarrkutschers, fast schwer misslungen wäre. Er war etwas steif auf den Beinen, sonst noch ein sauberer Mann, und hatte eine kurze Uhrkette mit einer Menge goldener Petschafte auf seiner schwarzseidenen Weste hängen.

Oben begrüßte er die Damen mit der zierlich steifen Galanterie seiner Jugend, war aber etwas betroffen beim Anblick des alternden Weibes, das den ihm beschiedenen Engel vorstellen sollte, und flüsterte der Frau Stadtschreiberin bedenklich zu: „Aber hören Sie, mit den vierzig Jahren –" – „Nun ja, vielleicht kann sie auch fünfzig sein", meinte die Frau Base begütigend und ordnete ihren Kaffeetisch. Sehr belebt wurde die Unterhaltung nicht, da die Frau Pfarrerin, um ihren gänzlichen Zahnmangel nicht zu offenbaren, meist etwas undeutlich sprach und der Herr Pfarrer, um sein übles Gehör zu verbergen, nur mit „Ja, ja, o freilich" und dergleichen antwortete.

Nachdem die Frau Stadtschreiberin ihre ganze Unterhaltungskunst erschöpft, in verschiedenen gewandten Wendungen die Geschicklichkeit der Frau Pfarrerin sowie die Vorzüge der Pfarrei Schniezingen ins Licht gestellt hatte, rief sie mit heller Stimme: „Aber, Herr Vetter, geben Sie doch Ihren Gefühlen auch Worte!", und verschwand.

Das war eine harte Zumutung, und der Herr Vetter wäre gern in ein Mausloch geschlüpft, wenn's angegangen wäre, da seine Gefühle in nichts als in einer gewissen Unbehaglichkeit und in dem Wunsch bestanden: „Wenn ich nur mit heiler Haut draußen wäre!"

Da hob die Frau Pfarrerin mit sittsam niedergeschlagenen Augen an: „Es hat mich wohl viel Überlegung gekostet – wenn man einen so rechtschaffenen Mann gehabt hat –, aber meine Lage ist freilich sehr einsam."

Was wollte der gute Pfarrer machen? Er hatte noch zu viel ritterliche Gesinnung aus der guten alten Zeit, um unter solchen Umständen eine Dame im Stich zu lassen;

und als die Frau Stadtschreiberin wieder eintrat, stellte er ihr seine Frau Braut vor, deren Hand er zierlich an die Lippen führte. Die Ehestifterin war überglücklich und konnte nicht müde werden, jedem der beiden zu Gemüt zu führen, wie vortrefflich sie gewählt haben.

Die Frau Pfarrerin war eine äußerst glückliche Braut und dankte Gott für das gute Plätzchen, das er ihr für ihre alten Tage beschert hatte. Der Herr Bräutigam erlaubte sich während der Brauttage noch einmal die Bemerkung gegen die Frau Stadtschreiberin: „Frau Base, ich meine, sie müsste auch über fünfzig sein." – „Nun, und was ist's denn, wenn sie auch fünfundfünfzig ist?" – So dachte am Ende der Herr Pfarrer selbst und wurde noch so zärtlich wie nur irgendein getrösteter Witwer, welche Zärtlichkeit mich stets an zweimal aufgegossenen Tee mahnt, den man recht süß einschenkt, um das mangelnde Aroma des ersten Gusses zu ersetzen.

Die Hochzeit ward nicht lange verzögert; da sich aus dem Taufschein ergab, dass die Frau Braut bereits an den Sechzigen war, so hatte das Pärchen allerdings nicht viel Zeit zu verlieren. Jungfer Philippine zog mit stillbeleidigter Würde und allerlei dunklen Prophezeiungen ab und die Frau Braut mit ihrem bescheidenen Hausrat ein. Die Pfarrkalesche wurde neu lackiert, und der Herr Pfarrer führte seine junge Frau darin zu allen Pfarrkränzen und sonstigen anständigen Gelegenheiten und sorgte auch stets dafür, sie mit modernem Putz zu versehen, wie er sich mit ihren Jahren vertrug.

Mit der Verpflegung wurde es nun freilich nicht viel; hatte der Mann einen Rheumatismus im Rücken, so hatte die Frau das Reißen in den Gliedern; klagte er über Ohrensausen, so klagte sie über Magenweh, sodass sich am Ende die Rolle umkehrte und der Pfarrer als rüstiger Greis einherschritt, während sie als zitternde Alte an seinem Arm hing. Das ließ er sie aber nicht entgelten, und er nahm ein armes, demütiges Bäschen ins Haus, das mit dankbarer Geduld sich den beiderseitigen Launen des alten Paares fügte.

So lebten sie neben all ihren Klagen über schlechten Magen und schlechte Zeiten in großer Eintracht zusammen, und es war der Mühe, die sich die Frau Stadtschreiberin gegeben, die Verbindung zustande zu bringen, immerhin noch wert gewesen. Sie feierten noch die silberne Hochzeit zusammen, und als der Pfarrer, gesättigt von langem Leben, in seinem neunundachtzigsten Jahre entschlief, drückte ihm das Mütterchen in gewisser Aussicht baldiger Nachfolge getrost die Augen zu.

Ilse Gräfin von Bredow

Siehste

Wir, die Generation siebzig plus, hatten vorher wenig Ahnung, was mit zunehmendem Alter, abgesehen von schweren Krankheiten, mehr und mehr auf uns zukommt, womit man nicht gerechnet hat. Jetzt scheiden sich die Geister: Der eine Teil erschreckt seine sorgende Umgebung mit blitzschnellen Entschlüssen – „Wo warst du denn, Opi?" – „Ach, nichts Besonderes, ich habe mir ein neues Auto gekauft." – „Aber du weißt doch, was der Augenarzt gesagt hat!" Der andere braucht immer länger, um sich für etwas zu entscheiden. Trotzdem sind beide Teile der Überzeugung, was es auch sei, alles fest im Griff zu haben. Immerhin sind wir sehr viel besser dran als unsere Eltern und Großeltern, die es im Krieg oder nach dem Krieg erwischte und die alles nehmen mussten, wie es kam.

Wir Alten von heute haben dagegen eine sehr genaue Vorstellung, was gut für uns wäre, und dulden keine Bevormundung. Wenn man uns mehr oder weniger taktvoll darauf hinweist, dass wir uns vielleicht doch mal ein passendes Heim aussuchen, ein Testament machen und rechtzeitig die Pretiosen verteilen sollten, hören wir deshalb nicht zu und schon gar nicht, wenn man uns mit dem Wörtchen „noch" kommt. Diese ewigen Lobgesänge über Greise und Greisinnen, die noch Unglaubliches zustande bringen, in eisigen Seen schwimmen, Berge erklimmen, Marathon laufen oder sich aufopfernd, keinen Weg scheuend, dem hilfsbedürftigen Nächsten widmen. Dann fühlen wir uns nämlich auf unangenehme Weise an unsere Kindheit erinnert, wo man uns mit dem Wort „schon" nervte und wir uns anhören mussten, wie ein gewisser Junge namens Fritz sich „schon" die Schuhe allein zubinden konnte. Und jetzt dieses dauernde „noch": „Stellt euch vor, Onkel Edgar fährt mit seinen neunzig Jahren noch Ski." – „Bestimmt weniger gefährlich für die Menschheit, als wenn er noch Auto fahren würde", giftet der siebzigjährige Neffe, dessen Wagen von einem forschen Fahrer der Altersgruppe achtzig plus gerammt wurde, weil der das falsche Pedal erwischt hatte.

Während wir Unschlüssigen noch ratlos vor uns hindibbern und die Qual der Wahl uns drückt – betreutes Wohnen oder nicht – und wir mit achtzig dann finden, dass eigener Herd immer noch Goldes wert ist, wo wir doch so lange gebraucht haben, bis wir ihn überhaupt besaßen, erzählt man uns immer häufiger von dieser einzigartigen Dame, die so ganz im Sinne der Vernunft gehandelt hat und nach wie vor still, bescheiden und überglücklich in diesem wunderbaren Heim lebt. Aber dann gerät die alte Dame plötzlich in Bedrängnis, wenn auch völlig schuldlos. Die Genossenschaft, der das Heim gehört, bleibt plötzlich den Heimbewohnern die Zinsen für die eingezahlte Kaution schuldig, mit deren Hilfe die meisten von ihnen ihre Rente aufgestockt haben, um die täglichen Kosten zu decken. Die Familie ist alarmiert, E-Mails wechseln hin und her. Ein neues Heim muss gefunden und bis dahin die Oma notgedrungen bei der Verwandtschaft untergebracht werden. Die Begeisterung darüber hält sich in Grenzen, denn leider erweist sich die sonst so pflegeleichte Dame doch als ein wenig schwierig – nörgelt an dem Nachwuchs herum und blockiert dauernd das Badezimmer. Aber die alte Dame weiß, was sie der Familie schuldig ist, und stirbt unerwartet nach kurzer Krankheit. Die Trauer ist groß, die allerdings nach der Testamentseröffnung eher gedämpft wird, denn der kleine Rest des sehr geschrumpften Vermögens ist dem Glanzstück von Heim zugedacht, was bei den Gläubigern sicher große Freude auslösen wird. Und was tun wir, die ewigen Zauderer mit den ständig wechselnden Plänen? Wir sehen uns bedeutungsvoll an und sagen nichts als: „Siehste!"

Leider bringt das Alter ständig wechselnde Beschwerden mit sich, von denen wir vorher verschont geblieben sind, wie etwa Schlaflosigkeit oder allzu großes Schlafbedürfnis, und unsere Unentschlossenheit nimmt zu. Im Gegensatz zu früher sind Körper und Nerven unberechenbar geworden, und man weiß nie, was man ihnen noch zumuten kann. So sind wir oft gezwungen, Einladungen, Familienfeiern, Ausflüge oder Besuche kurzfristig abzusagen, obwohl wir vorher sehr darauf gedrungen haben, überall mitgenommen zu werden. Zwar können wir dank unseres hohen Alters mit Verständnis rechnen, aber versteckten Ärger gibt es trotzdem. „Wen sollen wir nun dem Langweiler Onkel Robert zur Tischdame geben, die Taubheit der beiden alten Herrschaften erstickt doch sowieso jedes Gespräch, und wir hatten gedacht, Gleich und Gleich gesellt sich gern, aber nein, wirklich unberechenbar, diese Senioren!" – „Die Reise abgesagt? Erst wird ewig rumgequengelt, noch einmal möchte ich dorthin, und nun müssen wir uns mit der Rückerstattung der Reisekosten herumplagen!" – „Du verträgst diese Torte nicht mehr? Seit wann denn? Nur deinetwegen hat sie deine Enkeltochter selbst gebacken!" – „Wieso willst du plötzlich nicht mehr ins Kino? Du hast dir doch den Film selbst ausgesucht."

Zu allem Überdruss fallen uns auch noch die eigenen Altersgenossen und -genossinnen in den Rücken. Sie, die sonst gern ihre eigenen Leiden beklagen, finden plötzlich, wir sollten uns einen Ruck geben und uns ein bisschen zusammennehmen. Sofort sind gute Ratschläge zur Hand, und sehr schnell kommt das Gespräch dann wieder auf einen dieser vorbildlichen Alten zurück, der wieder und wieder aus dem Hut gezaubert wird, sodass man allmählich den Eindruck gewinnt, er sei unsterblich, und insgeheim richtig beruhigt ist, wenn einem die Todesanzeige ins Haus flattert.

Aber manchmal, sozusagen als ausgleichende Gerechtigkeit, bekommt zu unserem Entzücken die Schadenfreude reichlich Nahrung. Da gibt es dieses alles verstehende, in der Jugend Böses getan habende, tief bereuende, immer hilfsbereite, dabei noch blendend aussehende, trotzdem bescheidene, mit hochintelligenten Kindern und Enkelkindern gesegnete, auf Familienfesten unentbehrliche seltene Exemplar eines Mannes unserer Jahrgänge, der sich bereits der Lebensmarke hundert nähert und immer noch von sprühender Vitalität strotzt. Aber dann, bei einem riesigen Familienfest, bei dem eins der bedeutenden Familienmitglieder vom Bürgermeister persönlich mit einer Ehrung ausgezeichnet werden sollte, musste mit diesem angebeteten Exemplar namens Rudolf etwas Furchtbares geschehen sein, was diesen Ritter ohne Furcht und Tadel ins Stolpern brachte. Es wird viel gemunkelt und braucht seine Zeit, bis die Wahrheit ans Licht kommt. Onkel Rudolf hatte sich an diesem Tag nicht sehr wohlgefühlt. Er wäre deshalb lieber zu Haus geblieben. Aber anders als wir Jammerlappen hatte er sich am Riemen gerissen und war der Einladung gefolgt. Dann jedoch bediente er sich, um in Schwung zu bleiben, wohl ein wenig zu viel bei dem freizügig ausgeschenkten Cognac, was ihm zunächst nach allgemeiner Meinung überhaupt nicht anzumerken gewesen war, aber mit einem Eklat endete.

Der Bürgermeister hatte gerade seine bravouröse Rede beendet, in der die ganze Familie des Geehrten erwähnt worden war, so natürlich auch Onkel Rudolf mit seinem Schwung und der geistigen Frische eines Zwanzigjährigen, da passierte es. Onkel Rudolf sprang auf und schmetterte: „Die Fahne hoch, die Reihen fest geschlossen!" Glücklicherweise war der erwartete Lokalreporter erst gar nicht erschienen, und der Bürgermeister zeigte sich der Situation gewachsen. Er sah auf seine Uhr, rief irgendetwas Unverständliches von einem dringenden Termin und war verschwunden. Zurück blieb eine fassungslose Familie.

Bedauerlicherweise kommen wir ewigen Zauderer mit unserem triumphierenden: „Man muss schon genau wissen, was man sich noch zumuten kann, und nicht unbedingt überall dabei sein wollen, wo die Musik spielt", nicht zum Zuge. Denn als uns das Wort „siehste" auf den Lippen liegt, schaltet sich unsere resolute Kusine Reinhild ein: „Schuld an dem ganzen Schlamassel", sagt sie energisch, „ist doch nur Elisabeth, die hätte wissen müssen, dass ihr Mann viel zu krank war und besser im Bett geblieben wäre. Stattdessen hat sie dem armen Kerl wahrscheinlich, wie es ihre Art ist, noch irgendwas ordentlich Aufputschendes gegeben, und das kommt dabei raus. Unverantwortlich, diese Frau."

Wir nicken gehorsam, aber betrübt, denn wir wären, anders als der unvergleichliche Onkel Rudolf, in der Familie mit einem solchen Fauxpas nicht so glimpflich davongekommen.

Maxim Leo, Jochen Gutsch

Müde, gereizt und enttäuscht vom Feminismus

Wir lagen im Bett, Samstagnacht. Wollten endlich schlafen, aber es ging nicht. Unmöglich. „Dieser verdammte Lärm", sagte ich. Aus dem Hof schallte es: BUMM-BUMM-BUMM. Irgendwo wurde gefeiert, infernalisch laut gefeiert. Es war, als würden wir direkt in der Disco schlafen.

Ich schaute auf die Uhr: 01.30 Uhr.

„Tu was!", sagte meine Frau schlaftrunken. Immer sagt sie „Tu was", wenn sie nicht weiß, was sie tun soll. Dann soll ich was tun.

„Warum ich?"

„Ja, wer denn sonst? Du bist schließlich der Mann." Dann drehte sie sich um, Kissen auf dem Kopf.

Ich ging ins Wohnzimmer, müde, gereizt und enttäuscht vom Feminismus. Ich öffnete die Balkontür zum Hof: BUMM-BUMM-BUMM. In einigen Wohnungen war noch Licht, ich lauschte wie eine Eule in die Nacht. Wo kam der Lärm her? Wo war die Quelle? Schwer zu sagen.

Ich zog mir eine Jacke über und schlich durch das Treppenhaus, Etage für Etage, an den Wohnungstüren lauschend. Ich fühlte mich ein bisschen unwohl, als ich so patrouillierte. Andererseits, dachte ich, gibt es ja immer zwei Wege, so ein Lärmproblem zu lösen: den uncoolen und den coolen. Natürlich war ich der Mann für den coolen Weg. Ich würde an der Wohnungstür klingeln und sagen: „Freunde, super Party habt ihr hier am Start! Ich würde auch total gerne bleiben und euch meine neuen Moves auf dem Dancefloor zeigen. Leider bin ich heute etwas müde, weil ich die ganze Woche schon steil unterwegs war. Könntet ihr die Musik ein klitzekleines bisschen leiser machen? Danke, Leute! Party on!"

Von dieser Vorstellung ermutigt, ging ich rüber in den Seitenflügel, der Lärm wurde lauter, ich stieg die Treppe hoch. BUMM-BUMM-BUMM. Vor der Partywohnung stand ein junger Mann. Er sah mich an, grinste, sagte: „Geile Hose, Alter."

Dann schlüpfte er in die Wohnung.

Geile Hose? Ich trug eine Jacke, darunter aber, wie mir nun auffiel, meinen karierten Schlafanzug. Ich sah aus wie ein trotteliges Väterchen, jemand aus der Raucherecke eines Krankenhauses.

Ich hörte die Leute hinter der Tür betrunken lachen. Es klang jung, euphorisch. Ich hörte das Klirren von Gläsern und Flaschen, ich sah quasi vor mir, wie sie dort tanzten, die Hände in die Luft warfen zum dröhnenden BUMM-BUMM-BUMM.

Und dort sollte ich jetzt klingeln?

Meine coolen Sätze waren weg. Ich könnte höchstens noch stammeln: „Hallo, ich bin der Nachbar. Ich bin achtundvierzig Jahre alt und brauche meinen Schlaf." Womöglich wird mir das Wort „Nachtruhe" über die Lippen kriechen. Und dann das Wort „Polizei". Alle werden mich anschauen wie einen Blockwart. Der öde Spaßverderber von nebenan. Gut möglich, dass einer der Partyjungs aggressiv auf mich reagiert und sagt: „Was will der alte Wichser?" Ich erwidere: „Der alte Wichser will schlafen." Eine schöne junge Frau schlägt besänftigend vor: „Feiern Sie doch einfach ein bisschen mit!" Und dann stehe ich da in meinem Schlafanzug und meinen Hausschuhen, die aussehen wie große, filzige Brote, und fühle mich noch älter und kleinkarierter.

Ich schlich zurück in unsere Wohnung. Ein Whisky wird mir guttun, dachte ich.

Beim Trinken hatte ich dann eine wunderbare Idee: erst mal abwarten. Und hoffen, dass andere aus dem Haus etwas tun. Unter uns, da wohnt zum Beispiel die Familie Wagner. Und Herr Wagner, schon Mitte fünfzig, beschwert sich ständig. Wahrscheinlich hatte er längst das Handy am Ohr und rief die Polizei.

Go, Wagner, go!

Ich beobachtete den Hof. Trank noch einen zweiten Whisky. Nichts tat sich. Was war los mit Wagner? Was war los mit den anderen? Schliefen die etwa alle?

Ich beschloss, die Polizei anzurufen. Sollen die doch den Job machen. Die sind doch ausgebildet dafür. Die werden doch bezahlt dafür. Durch meine Steuern! Ja, das dachte ich wirklich: meine Steuern. Großer Gott!

Ich griff zum Telefon, wollte 110 wählen, zögerte aber. Ich meine, es ist das eine, bei einer Party zu klingeln und freundlich um ein wenig Rücksichtnahme zu bitten. Etwas ganz anderes aber ist es, die Polizei zu rufen. Da überschreitest du eine Grenze, mein Freund. So jemand wolltest du doch nie werden. Ein Jetzt-rufe-ich-aber-die-Polizei-Typ. Wie hast du solche Menschen früher genannt? Erinnerst du dich? Rentnerhafte Partypetzen! Ganz genau.

Ich rief die Polizei. Ach, scheiß drauf. Ich war so unendlich müde. Ich war mürbe. Ich wollte nur noch, dass es endlich aufhört. BUMM-BUMM-BUMM.

„Abschnitt vier, Sie sprechen mit Wachtmeister Jahnke."

„Guten Abend! Ich rufe an wegen einer nächtlichen Ruhestörung. Eine Party."

Stille am Telefon. Atmen. Genervtes Atmen. Gelangweiltes Atmen.

„Wie laut ist es denn?"

„Wie laut? Na ja. Sehr laut."

„Auf einer Skala von 1 bis 10?"

„Acht würde ich sagen?"

„Sind Sie sicher? Wirklich eine Acht?"

„Was heißt sicher? Lärm ist ja sehr subjektiv."

„Haben Sie die Fenster geschlossen? Und trotzdem eine Acht, ja?"

„Hören Sie, ich weiß nicht, ob Acht, Sieben oder Neun. Aber es ist sehr laut!"

„Halten Sie mal das Telefon ans geschlossene Fenster."

Ich hielt mein Handy an die Fensterscheibe, nachts um 2.15 Uhr, und fühlte mich wie ein Idiot.

„Hmm. Könnte eine Acht sein", sagte Wachtmeister Jahnke. „Haben Sie getrunken?"

„Was?!"

„Ob Sie Alkohol getrunken haben?"

„Nein. Also ja. Wenig."

„Sie wissen es nicht?"

„Doch. Zwei Whisky. Höchstens drei."

„Sagen Sie bitte mal den Satz ‚Der Potsdamer Postkutscher putzt den Potsdamer Postkutschkasten'."

„Was? Warum soll ich denn …?!"

„Sie können auch sagen: ‚Hinter dichtem Finkendickicht picken dicke Finken tüchtig.' Oder: ‚Bürsten mit schwarzen Borsten bürsten besser, als Bürsten mit weißen Borsten bürsten.' Ist mir völlig egal. Aber ich muss wissen, ob Sie betrunken sind."

Ich flüsterte ins Telefon: „Hinter dichtem Finkendickicht picken dicke Finken tüchtig." Meine Frau schaute ins Zimmer, schlaftrunken. „Was ist denn mit dir los? Telefonstreiche mitten in der Nacht? Ich denke, du tust was gegen den Lärm?"

„Ich spreche mit der Polizei!", zischte ich. Und dann ins Telefon: „Bürsten mit Borsten bürsten borstiger, als borstige Bürsten-Biester borsten. Äh, bürsten."

„Okay", sagte Wachtmeister Jahnke. „Lass ich mal gelten. Oder was meint ihr, Kollegen?"

Aus dem Hintergrund war jetzt Gelächter zu hören. Dröhnendes Polizistengelächter. Sie hatten mich verarscht, die Bullen.

„Spaß muss sein, oder?", sagte Wachtmeister Jahnke.
„Ich schicke Ihnen jemanden vorbei, keine Sorge.
Kann aber ein bisschen dauern."

Irgendwann kam die Polizei. Das BUMM-BUMM-
BUMM erstarb. Junge Partygäste zogen enttäuscht
durch den Hof nach Hause. Mein Werk, dachte ich und
trank schnell einen Whisky und gleich noch einen.
Dann war alles still, friedlich. Nirgendwo mehr ein
Licht. Nur eine achtundvierzig Jahre alte, rentnerhafte
Partypetze saß noch immer auf dem Balkon – und fand
keine Ruhe.

Verfasser unbekannt

Gehaltvoller Geburtstagskuchen

1 Tasse Wasser
1 Tasse Zucker
4 große Eier
2 Tassen getrocknete Früchte
1 Teelöffel Backpulver
1 Teelöffel Salz
1 Tasse brauner Zucker
Saft einer Zitrone
Nüsse
1 Flasche schottischer Whisky

Öffnen Sie den Whisky und testen Sie seine Qualität.

Nehmen Sie eine große Schüssel. Versuchen Sie den Whisky erneut! Um sicher zu sein, dass es sich um die beste Qualität handelt, füllen Sie eine Tasse randvoll und trinken Sie aus.

Werfen Sie anschließend den elektrischen Mixer an und schlagen Sie eine Tasse voll Butter in der Schüssel schaumig. Fügen Sie einen Teelöffel Zucker hinzu und schlagen Sie weiter.

Stellen Sie sicher, dass der Whisky noch immer gut ist – gönnen Sie sich eine weitere Tasse! Schalten Sie den Mixer aus. Werfen Sie 2 Eier in die Schüssel und schmeißen Sie die Tassen mit den getrockneten Früchten hinterher. Mixen Sie den Schalter wieder an. Falls Sie die gefrüchteten Trockene zu klebrig werden, lösen Sie sie mit einem Schraubendreher.

Schmecken Sie das Backpulver ab und prüfen Sie den Whiskey auf seine Färbung zu checken! Als Nächstes sieben Sie 2 Tassen Salz oder etwas Ähnliches. Was soll's? Prüfen Sie den Whisky!

Nun hacken Sie den Zitronensaft klein und pressen Sie die Nüsse aus. Fügen Sie einen großen Löffel Rizinusöl hinzu und rühren Sie mit dem Zeigefinger kräftig durch.

Löffel vom Zucker oder so. Irgendeinen werden Sie doch in Ihrer Küche finden, verdammt noch mal!

Fetten Sie den Ofen ein. Drehen Sie die Kuchenform auf 350°C. Vergessen Sie nicht, den Schalter abzumixen. Schmeißen Sie die Schüssel aus dem Fenster. Trinken Sie den Rest Whisky und gehen Sie zu Bett.

Axel Hacke

Ein Kühlschrank hat Angst

Ich saß mal wieder nachts in der Küche und starrte aus dem Fenster in den Hinterhof und auf das gegenüberliegende Haus, in dem gerade das letzte Licht hinter einem Fenster im vierten Stock erloschen war. Es war die Stunde, in der ich mich oft mit Bosch unterhalte, meinem sehr alten Kühlschrank und Freund. Ich trank Rotwein.

„Ich hätte auch gerne mal Rotwein", sagte Bosch. „Nie stellst du Rotwein in mich rein."

„Rotwein ist nichts für Kühlschränke", antwortete ich, „und Kühlschränke sind nichts für Rotwein."

Sein Motor brummte ein bisschen mürrischer als sonst, und ich fügte hinzu: „Ich habe gelesen, dass es bald Kühlschränke mit eingebautem Computer geben wird. Sie werden an das Internet angeschlossen und können selbstständig im Supermarkt Nachschub bestellen, wenn keine Butter mehr da ist oder keine Erdbeermarmelade. Und wenn das Verfallsdatum der Milch abgelaufen ist, bestellen sie auch Milch. Solche Kühlschränke könnten sich auch selbst Rotwein kommen lassen."

„Und wie kommt die Butter dann hierher und der Wein?", fragte Bosch.

„Ein Bote bringt sie", sagte ich.

„Schade", sagte Bosch. „Es wäre doch schön, wenn die Kühlschränke auch selbst einkaufen gehen würden. Sie könnten in die Geschäfte gehen und Butter, Milch und Marmelade holen, und an der Kasse würden sie ihre Tür öffnen, und die Kassiererin könnte gleich alles in ihren Leib hineinstellen. Sie bräuchten nicht einmal einen Einkaufskorb."

„Aber wie willst du in den Supermarkt kommen?", fragte ich. „So ein langes Elektrokabel gibt es nicht."

„Man bräuchte halt einen Akku, der sich auflädt und zwei, drei Stunden hält", sagte Bosch. „Ich habe gehört, dass es Akkus gibt. Der kleine Black & Decker hat es mir erzählt, der Tischstaubsauger, weißt du. Er hat selbst einen Akku."

Er seufzte. „Man würde auch mal andere Kühlschränke kennenlernen. Wir könnten uns beim Einkaufen treffen und über alles reden. Ich habe gehört, dass es auch Kühlschränke gibt, die Siemens heißen oder Liebherr. Und ich würde so gerne mal in ein Geschäft gehen und selbst einkaufen. Ich war noch nie in einem Geschäft, außer in dem Laden, in dem du mich gekauft hast, damals."

Ich machte seine Tür auf, um mir ein Stück Käse zu nehmen. Er atmete mich kühl an, wie immer, aber irgendwie kam es mir vor, als leuchte er besonders hell, wenn er so erzählte. Er hat ja wirklich nur mich zum Reden und ein paar Elektrogeräte in der Küche. Aber die meisten mag er nicht: Der Herd sei ein Idiot, sagt er immer, alle Herde seien Idioten, und die Mikrowelle sei schon gar nicht sein Fall, ein hysterisches junges Ding, das ihn anschwärme, weil er so cool sei, immer so herrlich cool. Ich hatte auch gelesen, dass ein Professor in den USA beabsichtige, nicht mehr bloß Herzen und Lebern, sondern auch Köpfe zu verpflanzen. Eines Tages wird es so weit sein, dass man Köpfe auf Kühlschränke verpflanzt, dachte ich, und Beine wird man auch dranmachen, und dann wird so ein Bosch mit ins Wohnzimmer kommen können, wenn ich Fußball sehe, und ich muss nicht mehr aufstehen zum Bierholen. Andererseits: Wenn man manchmal gewisse Managertypen im Flugzeug sieht – vielleicht machen sie das alles ja schon längst, das mit den Köpfen auf Kühlschränken. Und wir wissen es nur nicht.

Ich war wieder zum Fenster gegangen und blickte ins Dunkel hinaus. „Ich bin schon zu alt für diese Computer und dieses Internet", sagte Bosch leise. „Für mich kommt das alles zu spät. Manchmal fühle ich mich krank, und der Kompressor tut so weh, und ich habe Angst vor Kühlmittelkrebs."

„Ach was", sagte ich. „So jammerst du schon seit Jahren. Du bist noch bestens in Schuss und so schön rund, und du brummst so sonor und bist nicht so ein dämlicher, unauffälliger Einbaukühlschrank wie die anderen."

„Du wirst mich nicht verkaufen?", fragte er noch leiser als vorher. „Du wirst mich nicht, ähm, entsorgen, nicht wahr? Du wirst dir nicht so ein junges Internet-Ding zulegen?"

„Nie im Leben!", rief ich. „Keiner kühlt mein Bier wie du! Und jetzt lass uns schlafen gehen!"

Ich gab ihm einen Klaps auf die Tür. Er hörte auf zu brummen. Ich ging auf den Flur hinaus und zum Schlafzimmer, aber auf halbem Wege kehrte ich noch einmal zurück, nahm die angebrochene Flasche Rotwein vom Tisch, öffnete den Kühlschrank und stellte sie hinein.

Liv Jansen

Oma wird erwachsen

(Auszug)

Hamburg, 3 Uhr morgens
Isabell schoss kerzengerade hoch und tastete nach dem Telefon. Wenn jetzt ein Marktforschungsunternehmen dran wäre, würde sie ausrasten. Letztens hatte so ein Irrer mitten in der Nacht angerufen, um nach ihren Durchschlafgewohnheiten zu fragen.

Oder war etwas passiert? Wer rief sonst nachts an?

Gut, es könnte jemand aus Sri Lanka sein, der sich verwählt hatte, da war es jetzt halb acht Uhr morgens. Vielleicht wollte der Anrufer aus Sri Lanka seine Cousine spontan zum Baden im Indischen Ozean abholen, weil er Urlaub hatte und es doch sehr warm war?

„Hallo?"

„Klößchen? Hab ich dich geweckt?"

„Oma? Bist du das?"

„Nennt dich sonst noch jemand Klößchen? Natürlich ist hier Oma. Gerade bin ich vom Sehtraining nach Hause gekommen und da dachte ich, ich ruf mal an."

„Es ist nach drei, Oma. Also nachts."

„Das weiß ich auch. Ich bin nicht ganz dumm."

Isabell seufzte. „Was für ein Training ist das?"

„Was gibt es denn an diesem Wort nicht zu verstehen?"

„Es könnte mit zwei ‚e' oder ‚eh' geschrieben werden. Es könnte also etwas mit Wasser oder mit den Augen zu tun haben", erklärte Isabell ihrer Großmutter.

„Das stimmt", lenkte die ein. „Du bist doch ganz schön schlau. Seh mit ‚eh'. Wenn man ins Alter kommt, werden die Augen ja schwächer. Und da wollen wir vorbeugen."

„Aha. Nachts?"

„Ja, da ist es dunkel, schau mal aus dem Fenster. Und wir haben geübt. Wir sind also im Wald herumgelaufen und durchs Dorf. Bei Dunkelheit. Und jetzt bin ich wieder daheim und dachte, ich ruf mal mein Klößchen an."

Isabell konnte es eigentlich nicht ausstehen, wenn Oma sie Klößchen nannte. Sie hatte sich als Sechsjährige mal an Kloßteig überfressen und zwei Tage mit Magenschmerzen im Bett gelegen, seitdem hatte sie bei Oma ihren Spitznamen weg. Natürlich dachte niemand, der das hörte, dass sie sich an Teig überfressen hatte, nein, alle dachten: Der Name passt zu dem Kind. Ein Kloß ist klein und rund.

„Ihr hättet einfach die Augen zumachen und das Ganze auch tagsüber üben können", sagte Isabell und gähnte. „Im Ernst, Oma, ich muss morgen arbeiten. Ich brauche meinen Schlaf."

„Ach Gottchen. Schlaf! Wenn du mal waagerecht in der Kiste liegst, kannst du schlafen, solange du willst. Ich habe jetzt Lust zu plaudern. Also, hör zu. Ich war mit Julchen und Hanni unterwegs. Natürlich weiß ich, dass wir auch die Augen zumachen können, aber das bringt nicht halb so viel Spaß. Man stolpert und trainiert dadurch auch den Gleichgewichtssinn. Aber ich vergaß, dass du mal während einer Nachtwanderung vor einer Hornisse weggelaufen und in einen Teich gefallen bist, Klößchen. Das war eine Aufregung, weil du noch nicht schwimmen konntest. Das war in der Nähe von Aachen, das weiß ich noch ganz genau. Von der Klassenfahrt hattest du mir nämlich Printen mitbringen sollen, aber du hast sie im Bus alle selbst gegessen. Also, hör zu. Wir haben uns natürlich vorher gestärkt und Bier getrunken. Dann ..."

Isabell legte sich wieder hin und hörte ihrer Oma zu. Es war grundsätzlich so, dass sie sich nach Telefonaten mit ihrer Großmutter träge, behäbig und nichtsnutzig vorkam. Oma Edith war dieses Jahr 76 geworden und den ganzen Tag auf Achse. Soweit Isabell wusste, gab es kein Foto von ihr, auf dem sie nichts tat. Also ein Bild, auf dem sie einfach auf einem Stuhl saß und in die

Kamera lächelte. Sie stand, sie rannte oder sie saß auf irgendeinem galoppierenden Pferd. Edith war ein Energiebündel sondergleichen. Schon immer gewesen. Sie wohnte – bis auf einen längeren Berlinaufenthalt – in Seestein, einem kleinen Dörfchen direkt an der Ostsee in der Nähe von Grömitz. Hier war auch Isabell geboren worden, aber ihre Eltern hatten es vorgezogen, nach Hamburg „auszuwandern", wie Edith es nannte.

Sie blieb weiter in Seestein wohnen und bewirtschaftete mit Isabells Opa Robert den Hof mit seinen Hühnern, Ziegen, Schweinen, Kühen und Pferden. Vor vier Jahren erlitt Opa Robert beim Traktorfahren einen Herzinfarkt und verstarb daran, weil stundenlang keiner merkte, dass er tot war. Der Traktor fuhr immer weiter im Kreis, weil Opa in einer bestimmten Position auf das Lenkrad gesunken war und der Fuß am Gaspedal feststeckte. Und erst, als es dunkel wurde und Opa nicht zum Essen kam, stellte man fest, dass da was nicht mit rechten Dingen zugehen konnte.

Nach Opas Tod hatten alle Angst, dass Edith nun in ein „tiefes schwarzes Loch fallen" könnte, aber das Gegenteil trat ein. Oma wurde noch lebenslustiger, als sie ohnehin schon war.

„Robert hätte nicht gewollt, dass ich herumhocke und lamentiere", hatte sie gesagt. „Außerdem muss wer die

Tiere füttern und ich war noch nie der Mensch, der andere um Hilfe gebeten hat."

Also wurde Robert unter die Erde gebracht und das Leben ging weiter. So war es bis heute.

Immer, wenn Isabell nach Seestein fuhr, hatte sie Angst davor, dass Oma wieder mit ihr laufen oder in der See um die Wette schwimmen wollte. „Sport und Bewegung sind das A und O im Leben. Merk dir das, Klößchen", sagte sie immer. „Wer rastet, der rostet." Und das sah man ihr auch an. Edith war klein, muskulös und drahtig und manchmal hatte Isabell Angst, sie zu berühren, weil sie keinen Stromschlag kriegen wollte. Omas haselnussbraune Augen schienen stets zu funkeln und zu blitzen und sie hatte immer gute Laune.

Isabell, die Sport hasste wie die Pest, musste mit ihrer Großmutter joggen gehen, wurde natürlich abgehängt, und Oma kraulte Richtung Dänemark durchs Meer, bevor Isabell überhaupt einen Zeh im Wasser hatte. Oma konnte schwimmen wie der Teufel. „Los, lass uns um die Wette schwimmen! Wer zuerst an der grünen Tonne ist!", rief Edith gern und hechtete ins Wasser.

[...]

Isabell erwachte aus ihren Kindheitserinnerungen und wandte ihre Aufmerksamkeit wieder dem Telefon zu.

„Hör mal, Klößchen, willst du nicht mal wieder herkommen? Ist es in der Stadt nicht langweilig?"

„Nein, Oma, ist es nicht, aber natürlich komm ich gern mal wieder hoch."

„Das Wasser in der See ist schon warm, zwölf Grad, da können wir schwimmen."

Sofort fing Isabell an zu frieren. „Das ist keine so gute Idee. Ich war erkältet. Nicht dass das wieder losgeht." Sie war nicht erkältet gewesen. Trotzdem.

„Das härtet ab! Schau dir mal die Finnen an. Die laufen schreiend aus der Sauna und hüpfen ins Eiswasser. Und, schadet es ihnen?"

„Keine Ahnung, Oma. Wie geht's dir denn sonst?"

„Wie soll es mir gehen, Klößchen? Viel los wie immer. Morgen hab ich Henriettes Urenkel hier, wir basteln und malen fürs Schulfest, ich hab schon Kleber und buntes Papier besorgt."

„Wieso bastelt Henriette denn nicht selbst?"

„Henriette und Basteln! Sie hat im Schulunterricht aus Zeitungspapier mal einen Hund basteln sollen, herausgekommen ist eine Höllenmaschine, vor der wir alle Angst hatten. Wenn ich Henriette alleine basteln und malen lasse, sind die Kinder am Schulfest traumatisiert." Edith kicherte. „Und abends helfe ich Julchen im ‚Kronenstübchen'. Walter hat seinen Angelstammtisch bei den ‚Fischköppen'."

Die Fischköppe waren die Mitglieder des dörflichen Angelvereins. Es waren die muffigsten Männer aus dem Dorf, die fast nie sprachen, und wenn sie was sagten, war es was Negatives.

„Julchen hat doch eine Aushilfe aus dem Nachbardorf."

„Frau Möbius ist zu teuer, sagt Julchen. Die nimmt acht Euro fünfzig die Stunde und lässt sich die Anfahrt noch bezahlen, obwohl sie mit dem Fahrrad kommt."

„Oma, acht fünfzig ist Mindestlohn. Was nimmst du denn?"

„Ich nehme doch vom Julchen kein Geld." Edith klang regelrecht empört.

„Kriegst du wenigstens die Getränke und das Essen umsonst?"

Also wirklich. Oma musste aufpassen, dass sie sich nicht zu viel zumutete.

Auch wenn sie schon immer so gewesen war, sollte sie in ihrem Alter doch langsam mal etwas kürzertreten.

„Wo kämen wir denn da hin?", fragte Edith erzürnt. „Julchen und Walter haben nichts zu verschenken. Und so ein Schnitzel kostet auch Geld."

Isabell schüttelte den Kopf. So war Oma eben. Sie hatte ihre eigene Meinung und ihre unerschütterlichen Einstellungen zu manchen Dingen. Man konnte dran verzweifeln oder es einfach hinnehmen.

Und dann diese Energie!

[...]

Manchmal machte Isabell den Fehler und fragte Oma bei abendlichen Telefonaten, was sie denn den ganzen Tag so gemacht habe. Wenn sie morgens also mit dem Kräuterteemachen und dem Füttern und Melken fertig war. „...dann bin ich erst mal zu Hanni in die Bäckerei geradelt und hab Brötchen geholt, es ist morgens doch noch empfindlich kalt, aber ich hab zum Glück die dicke Unterwäsche, Hanni hat ja eine neue Hüfte bekommen, da bin ich gleich mal geblieben und hab ein bisschen beim Verkauf geholfen, sie kann noch nicht so gut, aber der neue Bäcker ist gut, der macht sehr leckere Roggenrundstücke und die Franzbrötchen sind herrlich, vormittags hatte ich dann meine Strickgruppe, wir sind jetzt schon an den Schals und Mützen für Weihnachten, ich sag dir, Klößchen, die Zeit rast dahin, und mittags hatte ich Ingeborg und Fred zum

Essen, denen ist ja der Herd kaputtgegangen, nach dreißig Jahren, kann man das glauben, ja, wo sollen sie denn warmes Essen herkriegen ohne Herd, eine Mikrowelle kommt denen nämlich nicht ins Haus, mir übrigens auch nicht, das sind böse Strahlen, das liest man immer wieder und das ist doch auch gruselig, wenn das Essen so schnell heiß wird, dann hab ich abgewaschen und dann hatte ich meinen Singkreis und dann hab ich die Kirche geputzt, wir putzen ja abwechselnd, auch den Gemeinderaum, aber Lotte hatte Zahnarzt, sie wäre heute dran gewesen, und Christa hatte Friseur, die konnte auch nicht, macht ja nichts, ich mach's ja gern, dann muss ich noch die Deckchen für den Seniorenbasar nähen und Kuchen für meine Landfrauen backen, die haben so viel zu tun, nachmittags hatte ich die Grundschulklasse aus Hannover da, die haben hier Klassenfahrt und wollten schauen, wie ein Kälbchen zur Welt kommt, das war vielleicht kompliziert diesmal, Doktor Frisch musste das Kälbchen im Mutterleib drehen, ich denk jedes Mal, wenn so was ist, der Arm kommt nicht mehr raus aus der Kuh oder dem Pferd, weißt du noch, damals mit Silberfee, als du dachtest, Doktor Frisch verschwindet fast in ihr, als er das Fohlen drehen musste, aber war er nicht süß, ein kleiner Hengst, wie haben wir ihn nur genannt, wie nur, und jedenfalls, die Kinder heute, denen ist ganz übel geworden, die sind das halt nicht gewohnt, wie denn auch, danach war ich noch bei Elsbeth und hab ihr die Wäsche gemangelt, sie kann nicht mehr so gut mit ihrer Arthrose, und Erwin macht ja nichts im Haushalt, der trinkt nur Bier, und Annegrete hat gefragt, ob wir ihre goldene Hochzeit bei mir feiern können, ich hab ja auf dem Hof so viel Platz, und die Küche ist schön groß, Romeo haben wir das Fohlen genannt, jetzt fällt es mir wieder ein, Romeo, das war ein wilder Racker, er hat mal …"

Petra Schulz

Demnächst Oma

Mit dem Älterwerden hat man dann und wann so seine Problemchen, jeder hat sie, nur die meisten geben es nicht zu.

Erinnert euch doch mal, ihr, die über Vierzigjährigen, als ihr euer erstes graues Haar entdeckt habt. Scheiße, wa? Ich bin fast kollabiert, tagelang mit der Pinzette vorm Spiegel gehockt und habe alles eliminiert, was nicht blond war ... seitdem hab ich rechts so eine angedeutete Geheimratsecke.

Morgens nach dem Aufstehen vorm Spiegel, das Grauen hat eine neue Dimension – und dann der Supergau, nicht nur im Gesicht verbreiten sich die Falten, nein auch das Dekolleté ist über Nacht zu einem ausgeleierten Pupskissen mutiert.

Aber so ist das, die ewige Jugend ist keinem beschieden.

Somit arrangierte ich mich mit meiner Geheimratsecke und dem Pupskissendekolleté.

Ich schwor mir, in Würde zu altern, egal was mein Körper noch mit mir vorhatte.

Dann kam jener Abend im März, als meine Tochter und mein Schwiegersohn mir eröffneten, dass ich in absehbarer Zeit Oma würde.

OMA, ich? Ich drehte mich um, doch hinter mir war niemand, also mussten die tatsächlich mich meinen.

OMA, drei Buchstaben, die dich dem Rollator und Badenwannenlifter auf einen Schlag näher bringen.

Omas sind alt, richtig alt, sie tanzen nicht auf Lady Gagas Pokerface.

Omas schauen sich den Musikantenstadel an, Omas haben Hosen mit Gummizügen im Bund.

Die Omas, die ich kenne, stehen auf 4711 und Tosca.

Ich brauchte ein paar Tage, um zu begreifen, dass die Tage meines bisherigen Daseins mit Status Ehefrau, Mutter, Geliebte, Putzfrau gezählt waren.

Ich fing an mich zu freuen – nicht auf den Rollator jetzt oder den Wannenlifter. Nein, nach überwundenem Schock rannte ich mit stets verklärtem Blick durch die Geschäfte. Beim Anblick von Babysöckchen in Größe 0 geriet ich aus der Fassung.

Ich kaufte heimlich Spieluhren, holte die Wiege meiner Kinder vom Dachboden.

Und ich beobachtete andere Omas, die alten, und freute mich darüber, im Herzen so jung geblieben zu sein.

Vor ein paar Tagen ertappte mich Männe dabei, wie ich zu Pitbulls „I know you want me" mit dem Kinderwagen im Wohnzimmer Probe fuhr.

Er hat mich ausgelacht, aber nicht lange, ich habe ihn daran erinnert, dass er Opa wird, demnächst…

Daniela Vogel

Das graue Haar

Was ist DAS? Ich meine … das kann doch gar nicht … ich meine … das wird doch nicht … oh bitte lass es nicht ein … nein, nein, nein – es ist ein graues HAAR!!! ES IST WIRKLICH EIN GRAUES HAAR!!
Jetzt mal ehrlich, ist denn so was möglich? Schließlich steh ich in der Blüte meines Lebens. Kein Jahr älter als … – na, ich sag's mal besser nicht. Aber wirklich, das kann doch unmöglich … Vielleicht bin ich nur irgendwo … drangekommen … oder so … Es ist sicher nur Farbe. Gut, gestrichen haben wir nicht in letzter Zeit. Was heißt hier ‚letzter Zeit‘? Es sind wohl eher schon Jahre ins Land gegangen. Aber trotzdem, wer weiß, sicher ist mir das irgendwo unterwegs passiert. Beim Bäcker zum Beispiel. Der Pfeiler links an der Theke sah heut früh, glaube ich, eine Spur weißer aus … Nein, jetzt mal ehrlich, das kann unmöglich mein erstes Anzeichen des Alters sein. Alter – wie das schon klingt. Alt, verknöchert, am Stock hinkend, halb blind, halb taub, ein Buckel am Rücken und 'ne Warze auf der Nase.

O.k., vielleicht übertreibe ich ein kleines bisschen – aber wirklich nur ein kleines!

In jedem Fall muss das weg. Jetzt! So kann ich mich doch nicht mehr auf der Straße blicken lassen. Ich hör schon die Mama von der kleinen Johanna tuscheln: „Hast du's auch schon gesehen? Einfach unglaublich. Dass die sich so überhaupt noch raustraut. Eine Schande. Aber vermutlich hat sie's eh bald hinter sich. So fängt's ja immer an und dann geht's oft ganz schnell. Man will sie ja auch nicht so lange leiden sehen…"

Arrr, gleich weine ich. Ich steh schon mit einem Bein im Grab. ALT! – Nein! Nein, so leicht gebe ich nicht auf. Wo hat die Große nur ihre Filzstifte hingelegt? Dass hier aber auch nie einer aufräumen… ah, da! O.k. Braun… braun, braun… wo ist nur…? Pink, lila, rosa… Wäre sicher auch nett, mit einer pinken Strähne zur nächsten Elternversammlung zu gehen. Hip, jung, cool – der große Bruder vom Jakob würde sicher so was sagen wie ,rattenscharf'…

Ne, lieber doch nicht. Johannas Mama fällt dazu sicher was anderes ein: „Hast du's auch schon gesehen? Einfach unglaublich. Dass die sich so überhaupt noch raustraut. Eine Schande. Tja, bei den einen kommt die Midlife-Crisis früher, bei anderen später. Macht wohl einen auf Möchtegern-Hipster. Peinlich ist das, einfach nur…"

Jetzt reicht's aber! Das muss ich mir wirklich nicht geben. Also kein Pink. Wo ist denn nur... verfl*****
Sch****!

Na endlich! Braun. Sieht sogar meiner natürlichen Haarfarbe erstaunlich ähnlich. Das wird klappen. So, komm her, du blödes graues Haar (was eigentlich gar keins ist)! Dann woll'n wir mal. Einmal rauf und einmal ru... Ahhhh! Autsch.

Mein Gott, wer hat denn die ganzen Stifte hier auf dem Boden...? Oh! – – Na ja, ist ja nix passiert. Dann wollen wir uns das Ergebnis meiner Malerkunst mal ansehen. Echt gut gelu... Oh mein Gott! OH MEIN GOTT!

Was ist DAS? Ich meine... das kann doch gar nicht... ich meine... das wird doch nicht... oh bitte lass es nicht eine... neeeeeiiiiin – eine Warze!!! Ich habe tatsächlich eine Alterswarze auf meiner Nase!! Die war doch grad noch nicht da. Es stimmt also. Vielleicht sollte ich lieber schon mal einen Gehstock kaufen und den Termin beim Augenarzt vorverlegen.

Nein – Moment! Ist das jetzt echt...? Super, jetzt renne ich tagelang mit dieser Filzstift-Warze auf der Nase durch die Gegend! Extra haltbar. Klasse!

Ab sofort werden nur noch Buntstifte gekauft.

Monika Bittl

Fuck the Falten

Fuck. Fuck. Fuck. Es ist zum Kotzen. Es ist das Letzte. Es ist eine einzige riesengroße Sauerei. Es ist laut Wecker 4:26 Uhr, und ich liege schweißgebadet im Bett und denke über mein Leben nach. Über mein vergangenes Leben und über mein zukünftiges. Falls ich ein zukünftiges Leben habe. Zukünftiges Leben? Ha! Ich bin knapp über fünfzig! Kann man da überhaupt noch von Zukunft sprechen? Als Frau doch schon mal gar nicht, wollen wir mal ehrlich sein. Männer kommen in die besten Jahre. Aber Frauen werden einfach nur alt.

Mitten in der Nacht habe ich so finstere Gedanken. So finster wie die Nacht um mich herum. Und nur mal so am Rande, ich bin nicht schweißgebadet, weil ich in den Wechseljahren bin. Mein Körper ist nicht das Problem. Mein Kopf ist es. In dem veranstalten nämlich meine Gedanken gerade ein munteres Wettrennen. Bin ich mittendrin im Leben? Oder schon knapp vorbei? Wie viele gute Jahre habe ich noch? Ich meine: echt gute Jahre. Realistisch habe ich mit über fünfzig schon den Zenit überschritten. Der Wahnsinn. Was kommt jetzt noch? Was geht jetzt noch? Seniorenteller? Wärmedecken? Rollator? Und noch mehr Pigmentflecken? Oder muss ich mich jetzt noch mal neu erfinden? Alles auf „Reset" stellen? Mein Leben noch einmal ganz toll von vorne starten? All das machen, was ich schon immer machen wollte?

Och nee, noch eine To-do-Liste! Meine Was-ich-im-Leben-alles-so-noch-machen-will-Liste ist endlos lang. Kein Wunder. Die letzten Jahre bin ich im Grunde genommen nur zwischen Kind und Job hin- und hergehetzt. Für anderes blieb dabei kaum Zeit. Und schon gar nicht für mich oder irgendwelche ausgefallenen Selbstverwirklichungspläne. Aber jetzt! Jetzt, wo Sophie in die Pubertät abrauscht und selbstständiger wird, könnte ich endlich mal …

Was ich alles könnte, wenn ich könnte.

Der einzige Vorteil vom Älterwerden ist, dass sich manche Dinge auf der To-do-Liste einfach mittlerweile von selbst erledigt haben. Noch fünf Kinder kriegen geht einfach nicht mehr. Und endlich Supermodel werden war schon immer etwas schwierig.

Aber so eine Neuerfindung, egal in welche Richtung, ist ja ziemlich kräftezehrend. Woher soll ich nur die Energie nehmen? Nix mehr mit Couchsurfen und einem guten Glas Rotwein und Schokolade.

Will ich mich jetzt wirklich noch einmal neu erfinden? Ich glaube, ich will lieber meine Ruhe. Verdammt noch mal, das hab ich mir verdient. Ist ja nicht so, dass ich in meinem bisherigen Leben noch nichts gemacht hätte. Oder nichts gearbeitet hätte. Oder nichts erlebt hätte. Ich bin müüüüüde. Immer müde. Ich kann doch nicht immer flexibel bleiben. Früher habe ich übrigens gedacht, dass ich mit fünfzig ziemlich gesettelt irgendwo mit zwei Kindern, einem Mann und einem Häuschen auf dem Land vor mich hin lebe und vielleicht anfange, aus Langeweile Golf zu spielen oder den Musiklehrer meiner Tochter zu vernaschen. Nun ja, früher hab ich auch gedacht, Anti-Falten-Cremes würden etwas bringen.

Das Leben hält einfach immer Überraschungen für einen bereit.

Ich könnte natürlich auch über Frührente nachdenken. Wäre auch eine Möglichkeit. Einfach loslassen. Sich entspannen und wieder anfangen zu stricken. Alters-Cocooning. Aber um aus dem Hamsterrad auszusteigen, braucht man verdammt noch mal Geld. Rente mit 67 ist ja sowieso der Wahnsinn. Wie soll ich eigentlich bis dahin durchhalten? Und wer bitte gibt mir noch einen Job, wenn ich über sechzig bin?

Ich habe eine schwache Blase – fuck, ich muss schon wieder auf die Toilette. Das zweite Mal heute Nacht. Und es ist die dritte Nacht in dieser Woche, in der mir das so geht. Na, das sind ja schöne Aussichten. Auch das soll mit der Zeit nicht unbedingt besser werden, habe ich gehört.

Als ich endlich im Bad bin und im Halbdunkel vor mich hin pinkele, bemerke ich plötzlich ein kleines, hutzeliges Männchen mit weißem Rauschebart neben mir auf dem Badewannenrand.

Ich träume. Oder halluziniere. Eindeutig. Es tut mir einfach nicht gut, abends noch so viel zu essen.

„Ja, es tut dir nicht gut, abends noch so viel zu essen. Vor allem die Schokolade. Und dann noch zwei Gläser Rotwein. Kinder, Kinder, ihr wisst doch, was euch guttut. Warum könnt ihr euch nicht einfach daran halten? Das mit der Eigenverantwortung bekommt ihr seit Jahrtausenden einfach nicht auf die Reihe."

Mit einem Satz springe ich auf. Das heißt, ich würde gerne, aber auf der Toilette mit runtergelassener Pyjamahose ist das etwas schwierig.

Seit wann sind Träume so real?

Nie wieder Rotwein und Schokolade in diesen Mengen. Ich schwöre es.

„Ich bin kein Traum. Ich bin Gott. Und ich bin heute Nacht auf meiner Zufallsstichproben-Besuchstour für Problemkinder. Du hast Glück, du hast zwei Minuten mit mir."

Ich starre den Typen an.

Fuck. Ein Einbrecher.

„Nehmen Sie alles, was ich habe, es ist nicht allzu viel, kann ich Ihnen gleich sagen, solange dieses Buch nicht fertig geschrieben ist und ein Mega-Bestseller wird. Aber lassen Sie mich und mein Kind am Leben! Ich flehe Sie an!"

Das Männchen schüttelt den Kopf.

„Genau das geht leider nicht – du kannst alles behalten, was du hast, zumindest für jetzt, aber ich kann dich nicht am Leben lassen – zumindest nicht für immer. Das scheint ja gerade dein Problem zu sein, das ganze Älterwerden. Deshalb bin ich hier. Und ich bin kein Einbrecher. Ich bin Gott. Das hab ich doch schon gesagt. Wie viel Zeit die Leute heutzutage immer vergeuden, bis sie mir glauben! Früher war auch das viel einfacher. Kaum war ich da, sind schon alle auf die Knie gefallen und fingen an zu beten."

Ich starre das Männchen an. Gott? In meinem Badezimmer? Nachts um 4:48 Uhr?

Warum nicht?

„Ich will einen Beweis. Sonst rufe ich doch die Polizei", sage ich, stehe auf und ziehe schnell meine Pyjamahose hoch. Falls der Typ doch nicht Gott ist, könnte ich ihm vielleicht mit meinem Föhn eins überziehen. Und falls es doch Gott ist, macht es ihm sicher nichts aus, meinen nackten Po zu sehen.

Das Männchen seufzt und verwandelt sich vor meinen Augen in meine Großmutter. In meine verstorbene Großmutter, versteht sich.

„Nun, zufrieden?", murmelt meine Großmutter kopfschüttelnd. „Kind, du hast noch eine Minute und zwölf Sekunden. Nutze die Zeit."

Fuck. Mir fällt die Kinnlade runter. Und dann fängt mein Gehirn an zu rasen. Hier sitzt Gott, und ich kann ihn endlich mal alles fragen, was ich schon immer wissen wollte. Alles, was mir in letzter Zeit auf der Seele liegt und was mich nachts nicht schlafen lässt. Und dann auch noch alles, was die Menschheit schon immer wissen wollte und nie erfahren hat.

Dann hole ich tief Luft und lege los:

„Warum muss ich alt werden? Und warum muss ich sterben? Warum werden überhaupt nur Frauen alt, und Männer kommen in die besten Jahre? Und warum hast du dir das mit der begrenzten Fruchtbarkeit bei Frauen einfallen lassen? Das ist furchtbar ungerecht. Und machomäßig. Kein Wunder, dass dich alle für einen Mann halten. Das mit dem Älterwerden ist nicht lustig. Das kann ich dir sagen. Wenn du wirklich allmächtig bist, bist du, mit Verlaub, ein Arschloch. Wollte ich dir schon immer mal sagen. Und wir wollen hier nicht nur über das Älterwerden sprechen, sondern über das ganze Elend der Welt. Das geht so nicht, wenn man allmächtig ist. Das ist eine Zumutung und eine Schweinerei! Das musst du ändern, und zwar sofort. Ich dachte, wir sind nach deinem Ebenbild geformt! Wirst du etwa älter??? Nein, nein, für dich ist die Ewigkeit gedacht und für uns der Rollator! Wahrscheinlich kannst du sowieso jede Gestalt annehmen, auch die von einer 25-jährigen Gisele Bündchen! Das ist eine Gemeinheit. Eine einzige Schweinerei! Ich fordere die sofortige Überarbeitung des ganzen Systems und ein Ende des Welthungers und..."

In diesem Moment tönt eine Stimme aus meiner Regendusche herab: „Ihre Zeit ist leider um. Danke, dass Sie unseren Service Zufallsstichproben-Besuchstour für Problemkinder genutzt haben."

Ich blicke meine Großmutter verblüfft an. Das klang jetzt wie eine Durchsage am Bahnhof. Das kann doch wohl nicht wahr sein? Meine Großmutter verwandelt sich vor meinen Augen erneut, diesmal in einen lässigen Typen mit Nerd-Vollbart, und steht auf:

„Tut mir leid, ich muss jetzt leider zum Nächsten. Das mit dem Bevölkerungswachstum der letzten Jahre macht mir echt verdammt viel Arbeit. Von den dauernden Überstunden will ich gar nicht reden. ‚Seid fruchtbar und mehret euch!' – wenn ich gewusst hätte, wohin das führt, hätte ich das wahrscheinlich einfach weggelassen. Aber hinterher ist man ja immer schlauer."

Der Typ mit dem Nerd-Vollbart beginnt langsam zu verblassen, ab und zu flackert dazwischen das Bild meiner Großmutter auf.

„Ja, aber? Meine Fragen! Du hast doch noch gar keine beantwortet! Was soll das? Du kannst jetzt noch nicht gehen! Warum müssen wir älter werden? Warum muss ich älter werden? Warum müssen wir sterben? Und was ist mit dem Welthunger?"

Der Typ kichert in seinen Nerd-Bart.

„Ach ja, das Älterwerden – denk doch einfach mal über die Alternative nach. ‚Live fast – die young' wird bei dir ja wohl nix mehr. Diesen Zug hast du echt verpasst. Und Unsterblichkeit ist für euch einfach nicht vorgesehen – im jetzigen System zumindest. Ich arbeite ja an einem Update – aber das ist alles ziemlich kompliziert, wie du dir vielleicht vorstellen kannst. Du weißt schon, kaum wird die Software aktualisiert, stürzt das ganze System ab."

Noch bevor ich etwas sagen kann, ist er verschwunden.

Echt jetzt?

Das war's?

Zwei Minuten?

Und ich hab die Hälfte davon mit Pinkeln verbracht. Typisch!

Ich muss schon wieder pinkeln. Als ich mich wieder auf die Toilette setze, wird mir klar, das war alles nur ein Traum. Was soll Gott auch nachts in meinem Badezimmer? Der hat ja nun wirklich Besseres zu tun! Oder?

Verschlafen schlurfe ich wieder ins Bett, und dann fällt mir ein Spruch meiner Großmutter ein: „Ändere das, was du ändern kannst, und mit dem Rest musst du dich einfach anfreunden." Gut, das mit dem Älterwerden lässt sich nun mal nicht ändern. Und die Alternative ist ja wohl noch bescheuerter. Da hat der liebe Gott schon recht.

Meine Großmutter war übrigens eine sehr gemütliche alte Dame, die mit dem Älterwerden nicht so viele Probleme hatte. Sie hat weder ihrer Jugend hinterhergeweint noch versucht, mit über sechzig so auszusehen wie mit dreißig. Ab und zu hat sie über ihre Knie gejammert, und ansonsten hat sie es sich ziemlich gemütlich gemacht. Und nebenher hat sie fünf Kinder bekommen und zwei Weltkriege überlebt – da wäre es doch wirklich lächerlich, sich über seine nicht mehr ganz so straffe Gesichtshaut aufzuregen.

Mit diesen Gedanken drehe ich mich noch mal im Bett um und denke: „Fuck the Falten – es gibt wahrlich Schlimmeres im Leben."

Und dann schlafe ich endlich ein.

Richard von Volkmann-Leander

Die Alte-Weiber-Mühle

Bei Apolda in Thüringen liegt die Alte-Weiber-Mühle. Sie sieht ungefähr aus wie eine große Kaffeemühle, nur dass nicht oben gedreht wird, sondern unten. Unten stehen nämlich zwei große Balken heraus, die von zwei Knechten angefasst werden, um mit ihnen die Mühle zu drehen. Oben werden die alten Weiber hineingetan: faltig und bucklig, ohne Haare und Zähne, und unten kommen sie jung wieder heraus: schmuck und rotbackig wie die Borstäpfel. Mit einem Male Umdrehen ist's gemacht; knack und krach geht es, dass es einem durch Mark und Bein fährt. Wenn man aber die, welche herauskommen und wieder jung geworden sind, fragt, ob es nicht erschrecklich wehtue, antworten sie: „Lieber gar! Wunderschön ist es! Ungefähr so, wie wenn man früh aufwacht, gut ausgeschlafen ist und die Sonne ins Zimmer scheint, und draußen singen die Vögel, und die Bäume rauschen, und man sich dann noch einmal im Bett ordentlich dehnt und reckt. Da knackt's auch zuweilen." Sehr weit von Apolda wohnte einmal eine alte Frau, die hatte auch davon gehört. Da sie nun sehr gern jung gewesen war, entschloss sie sich eines Tages kurz und machte sich auf den Weg. Es ging zwar langsam; sie musste oft stehen bleiben und husten, aber mit der Zeit kam sie doch vorwärts, und endlich langte sie richtig vor der Mühle an.

„Ich möchte wieder jung werden und mich ummahlen lassen", sagte sie zu einem der Knechte, der, die Hände in den Hosentaschen, vor der Mühle auf der Bank saß und aus seiner Pfeife Ringel in die blaue Luft blies. „Du lieber Gott, was Apolda weit fort ist!"

„Wie heißt Ihr denn?", fragte der Knecht gähnend.

„Die alte Mutter Klapprothen!"

„Setzt Euch so lange auf die Bank, Mutter Klapprothen", sagte der Knecht, ging in die Mühle, schlug ein großes Buch auf und kam mit einem langen Zettel wieder heraus.

„Ist wohl die Rechnung, mein Jüngelchen?", fragte die Alte.

„I bewahre!", erwiderte der Knecht. „Das Ummahlen kostet nichts. Aber Ihr müsst zuvor das hier unterschreiben!"

„Unterschreiben?", wiederholte die alte Frau. „Wohl meine arme Seele dem Teufel verschreiben? Nein! Das tue ich nicht! Ich bin eine fromme Frau und hoffe, einmal in den Himmel zu kommen."

„Ist nicht so schlimm!", lachte der Knecht. „Auf dem Zettel stehen bloß alle Torheiten verzeichnet, die Ihr in Eurem ganzen Leben begangen habt, und zwar ganz genau der Reihe nach, mit Zeit und Stunde. Ehe Ihr Euch ummahlen lasst, müsst Ihr Euch verpflichten, wenn Ihr nun wieder jung geworden seid, alle die Torheiten noch einmal zu machen, und zwar ganz genau in derselben Reihenfolge, ganz genau so, wie's auf dem Zettel steht!" Darauf besah er den Zettel und sagte schmunzelnd: „Freilich ein bisschen viel, Mutter Klapprothen, ein bisschen viel! Vom sechzehnten bis zum sechsundzwanzigsten Lebensjahre täglich eine, sonntags zwei. Nachher wird's besser. Aber im Anfang der Vierziger, potztausend, da kommt's noch einmal dicke! Zuletzt ist's wie gewöhnlich!"

Da seufzte die Alte und sagte: „Aber, Kinder, dann lohnt es sich ja gar nicht, sich ummahlen zu lassen!"

„Freilich, freilich", entgegnete der Knecht, „für die meisten lohnt sich's nicht! Darum haben wir eben eine gute Zeit; sieben Feiertage die Woche, und die Mühle steht immer still, zumindest seit den letzten Jahren. Früher war schon das Geschäft etwas lebhafter."

„Ist es denn nicht möglich, wenigstens etwas auf dem Zettel auszustreichen?", fragte die Alte noch einmal und streichelte dem Knechte die Backen. „Bloß drei

Sachen, mein Jüngelchen, alles andere will ich, wenn es denn einmal sein muss, noch einmal machen."

„Nein", antwortete der Knecht, „das ist leider unmöglich. Entweder – oder!"

„Nehmt nur Euren Zettel wieder", sagte darauf die alte Frau nach einigem Besinnen, „ich habe die Lust an eurer dummen alten Mühle verloren!", und machte sich auf den Heimweg.

Als sie aber zu Hause ankam und die Leute sie verwundert ansahen und sagten: „Aber, Mutter Klapprothen, Ihr kommt ja gerade so alt wieder, als Ihr fortgegangen seid! Es ist wohl nichts mit der Mühle?", hustete sie und antwortete: „O ja, es ist wohl etwas daran; aber ich hatte zu große Angst, und dann – was hat man denn an dem bisschen Leben? Du lieber Gott!"

Franziska zu Reventlow

Gedanken über das Älterwerden

Heute Morgen wollte ich gerade anfangen, Ihnen zu schreiben, da setzte sich ein liebenswürdiger alter Herr, den wir bei Tisch kennengelernt haben, zu mir und fragte mich im Vertrauen, ob der Dichter wirklich mein Stiefsohn sei.

Ich dachte an meinen Brief und war zerstreut, so habe ich recht dumm geantwortet: Er sähe mir doch entschieden ähnlich. Der alte Herr warf mir einen prüfenden Blick zu und meinte: Ja, ja, möglich, dass eine gewisse Ähnlichkeit – und das sei immerhin ein seltsames Phänomen. Überhaupt, die Mischung von angelsächsischem, romanischem und ausgesprochen nordischem Typus, wie sie anscheinend in meiner Familie herrsche, wäre wirklich interessant.

Diese kleine Ansprache lenkte meine Gedanken allmählich von Ihnen ab, teurer Freund, und ich begriff, dass man uns doch wohl durchschaut (o weh – wenn Pedro noch lange fortbleibt, möchte die Situation am Ende doch peinlich werden) und dass der ehrwürdige Greis mir eine zarte Warnung geben wollte.

Mein Brief blieb liegen, ich frühstückte mit dem alten Herrn, und wir haben uns ganz gut unterhalten. Er ist witzig und amüsant, wusste mir mit väterlicher Güte allerlei Geständnisse zu entlocken und erinnerte sich mit sichtlichem Vergnügen an die galanten Faiblessen seiner Jugend.

Sie wissen, ältere Herren, die noch in Betracht kommen, sind nicht mein Fall, aber die noch älteren, die nicht mehr in Betracht kommen, können manchmal sehr reizend sein. Und ich habe heute gedacht, solche wirklich charmante alte Leute sind eigentlich ein Element, das in ‚unseren Kreisen‘ ganz fehlt. Wir wurzellosen Existenzen haben alle nur so einen dunklen, verschwommenen Begriff von Eltern und Senioren, die uns übelwollen. Wo noch welche vorhanden sind, bleiben sie ganz im Hintergrund, werden gefürchtet oder sorgfältig vor uns behütet. Man kennt immer nur Altersgenossen oder Jüngere. Kommt man dann einmal, so wie heute, zufällig mit jemand viel, viel Älterem in Berührung, so wirkt er beinah wie ein seltenes, etwas unwahrscheinliches Naturspiel auf uns.

Kann man wirklich so alt sein, so ganz hors concours, und immer noch Freude am Leben haben und Interesse für alles?

Barmherzigkeit: Und einmal werden wir uns doch wohl auch an den Gedanken gewöhnen müssen, selbst alt zu werden – wie wird das gehen, wie soll man es machen?

Krankheit, Alter und Tod erscheinen mir immer als die drei Unmöglichkeiten des Lebens, alles andere geht irgendwie von selbst, aber mit Unmöglichkeiten muss man sich zu arrangieren versuchen. Kranksein – das lässt sich vielleicht noch bedingungsweise ausnehmen. Unter angenehmen Verhältnissen kann es möglich, manchmal sogar ganz lustig sein – gute Freunde, viele Blumen, sympathische Ärzte und das große Gegenpläsier, wieder gesund zu werden.

Aber die beiden anderen? Der Tod – warum hat man wohl so viel Angst davor? Ich habe sie auch, aber dann denke ich wieder, es ist vielleicht ganz überflüssig, wir wissen doch noch gar nicht, ob es unangenehm sein wird. Es mag verdreht sein, aber ich ertappe mich sogar bei dem Gedanken: Das Leben ist so schön, obwohl so viel dagegen eingewandt wird – am Ende ist das Sterben auch gar nicht so übel. Schlimmstenfalls ist es eine Exekution, die nicht lange dauert.

Und das Alter – alt werden? Gott, wenn man durchaus nicht mag, es kann einen ja niemand zwingen, länger zu leben, als man will.

Aber da liegt ein böses Dilemma, es ist so viel hübscher, jung zu sterben, aber um wirklich großen Charme zu haben, müsste es schon sehr früh sein. Andererseits aber möchte man möglichst viel leben und unverhältnismäßig lange jung bleiben.

Schenkt uns nun der gütige Himmel diese ausdauernde Jugend, so wird es sehr schwer sein, den richtigen Zeitpunkt zu finden. Sehen Sie – wenn ich sterbe, möchte ich gerne noch so aussehen wie jetzt, aber ich habe doch vorläufig gar keine Lust, mich schon in die Unterwelt zu begeben. Ach, das ist wirklich schon wieder ein Problem und *a very disagreeable one,* wie Sir John sagt.

Wir saßen kürzlich alle drei bei ihm auf dem Sofa, der vorwitzige Bobby zupfte seinem Mentor drei graue Haare aus und sagte: „Meister, wir werden alt." Mehr als die drei fanden wir nicht, und John lachte. Aber mir wurde doch ganz kalt, und ich dachte: Wenn ich nun einmal dasitze und neben mir ein junger Dichter, der

mir drei graue Haare auszupft! (Nun, in dem Neben-
umstand könnte ja noch etwas Tröstliches liegen.)
Übrigens glaube ich gar nicht unbedingt daran, dass
das ‚erste graue Haar, die erste Falte‘ ein so überwäl-
tigender Eindruck ist. Eher noch der Abschied von der
allerersten Jugend, von der verwegenen Sicherheit, in
jedem Zustand und jeder Verfassung – ob verweint,
verkatert, übernächtig oder ausgeschlafen – immer
gut auszusehen, immer auf der Höhe zu sein. Man
denkt auch in diesem Stadium viel mehr über die
Schrecken des Älterwerdens nach. Schon beim
Abschied von Hängezopf und kurzen Kleidern meint
man, nun sei die Hauptsache bald vorbei, und mit
zwanzig Jahren, man hätte jetzt kaum mehr Zeit vor
sich. Später dann merkt man, dass es noch recht lange
dauert und wie dehnbar und geräumig das Leben in
Wirklichkeit ist.

Aber, bitte, sagen Sie mir nicht wieder: Sie bleiben
immer jung – es ist zwar angenehm zu hören, aber die
Frauen mit der ewigen Jugend halte ich doch für einen
Bluff. Es kann mich ganz nervös machen, wenn immer
wieder die unselige Ninon de Lenclos herbeizitiert
wird. Ich bekomme dann das Gefühl: O Gott, nein, so
alt möchte ich gar nicht erst werden. Ich pfeife darauf,
dass meine Stiefsöhne – oder waren es richtige? – sich

in mich verlieben, wenn ich siebzig bin. Das ist ja doch nichts Rechtes mehr.

Ich möchte gern wissen, ob man sich überhaupt genieren wird, alt zu sein? Vor den anderen vielleicht nicht, sie sind ja daran gewöhnt, dass es alte Leute gibt, und finden nichts Auffälliges daran. Aber vor sich selbst – denken Sie nur, als alte Dame aufzustehen und sich im Spiegel zu sehen: Guten Morgen – o Gott, aber du bist ja alt –, was willst du denn noch? Ja, besonders in der Früh muss es deprimierend sein, im Laufe des Tages wird man sich wohl irgendwie in seine Rolle hineinleben.

Ich stelle mir bei allen Lebenslagen, die mir peinlich sind, gerne vor, dass ich nur eine Rolle spiele, eben jetzt diese oder jene spielen muss, die mir nicht recht liegt. Zum Beispiel bei unangenehmen Auseinandersetzungen: Du bist ja nur auf der Bühne – o weh, der Souffleur ist nicht da –, besinne dich rasch, was man in dieser Szene ungefähr zu sagen hat. Oder wenn man morgens aufwacht – ja, was ist denn eigentlich? Dies und jenes, alle möglichen Unannehmlichkeiten. Schön, ich habe also eine Frau zu spielen, die in Geldschwierigkeiten ist und nichts anzuziehen hat. Undankbar, aber vielleicht lässt sich etwas daraus machen. Bitte auf die Bühne …

Lieber Freund und Doktor – es ist schlecht, mit mir zu diskutieren, denn es fällt immer wieder so aus: Das ist schlimm – sehr schlimm – ja – nein, es ist eigentlich doch nicht so schlimm.

So muss ich denn schließlich auch feststellen, dass der Gedanke an die Vergänglichkeit alles Irdischen mich im Großen und Ganzen nicht sehr bedrückt, höchstens wenn ich gerade meinen ‚verfluchten Tag‘ habe.

Ich denke vielmehr, wenn es erst einmal so weit ist, wird man schon damit fertigwerden. Wird man alt, so treibt man sich noch eine Weile als Zuschauer auf der Welt herum, braucht sich wenigstens nicht mehr zu Taten aufzuraffen. Und die Erinnerungen, die im Alter eine so bedeutende Rolle spielen sollen? Nun, bei allen guten Dingen wird man sich freuen, dass sie da waren, und bei den schlechten, dass sie vorbei sind. Die beste Vorsorge fürs Alter ist jedenfalls, dass man sich jetzt nichts entgehen lässt, was Freude macht, so intensiv wie möglich lebt. Dann wird man dermaleinst die nötige Müdigkeit haben und kein Bedauern, dass die Zeit um ist. Für all die Leute mit verfehltem Leben, versäumter Jugend, überhaupt mit vielen Unterlassungssünden – für die muss es schrecklich sein, alt zu werden.

Nein, wenn ich mich überhaupt darauf einlasse, mein eigenes Alter mitzuerleben (was mir noch sehr fraglich ist) – in dieser Beziehung habe ich mir wenig vorzuwerfen und werde mit mildem Lächeln sagen können: Es ist genug, Herr!

Und dann will ich wenigstens eine dankbare Rolle spielen, eine sehr angenehme alte Dame sein, mit möglichst wenig Falten und möglichst weißem Haar – und einen reizenden Salon haben mit einem Kaminfeuer. Um den Kamin versammeln sich abends die alten Freunde, müde, galante alte Herren mit Krückstöcken, und man unterhält sich von einstigen Faiblessen.

Denken Sie nur, was wir uns dann alles erzählen werden – alles, was jetzt noch verschwiegen bleibt. In sentimentalen Stunden reden wir vielleicht auch wieder von Yvonne und dem fremden Mann – und, wenn Sie boshaft aufgelegt sind, von Paul. Ja, dann wird das Teegespräch erst seine höchste Blüte erreichen.

Danken wir Gott, dass es noch nicht so weit ist…

Arthur Schnitzler

Ein Gespräch

Georgs Augen ruhten auf Therese, die wieder ganz weiß wie morgens, diesmal noch eleganter, in englisches gesticktes Leinen gekleidet war und um den freien Hals eine Schnur aus lichtrosa Korallen trug. Während die beiden Frauen über den sonderbaren Zufall ihres Wiedersehens sprachen, erhob sich Georg, um Aufträge für das Diner zu erteilen. Als er in den Garten wiederkehrte, waren die beiden andern nicht mehr da. Er sah Therese auf dem Balkon, den Rücken an das Geländer gelehnt, mit Anna reden, die unsichtbar, in der Tiefe des Zimmers weilen mochte. In guter Stimmung spazierte er in den Alleen hin und her, ließ Melodien in sich singen, fühlte seine Jugend und sein Glück, warf zuweilen einen Blick auf den Balkon oder über die Balustrade auf die Straße und sah endlich Demeter Stanzides herankommen. Er ging ihm entgegen. „Seien Sie willkommen", begrüßte er ihn am Gartentor. „Die Damen sind oben auf dem Zimmer, werden aber bald erscheinen. Wollen Sie sich indessen ein bisschen den Park ansehen?"

„Gern."

Sie spazierten miteinander weiter.

„Haben Sie die Absicht, länger in Lugano zu bleiben?",
fragte Georg.

„Nein, wir fahren morgen nach Bellaggio, von dort an
den Lago Maggiore, Isola Bella. Die ganze Herrlichkeit dauert ja nimmer lang. In vierzehn Tagen müssen
wir wieder zu Hause sein."

„So kurzen Urlaub?"

„Ach, es ist nicht meinetwegen. Aber Therese muss
zurück. Ich bin ein ganz freier Mann. Ich hab schon
meinen Abschied im Sack."

„Sie wollen sich also ernstlich auf Ihr Gut zurückzie-
hen?"

„Mein Gut?"

„Ja, ich hab so was gehört, bei Ehrenbergs."

„Aber ich hab doch das Gut noch gar nicht. Steh allerdings in Unterhandlungen."

„Und wo werden Sie sich ankaufen, wenn ich fragen
darf?"

„Wo sich die Füchse gute Nacht sagen. Es wird Ihnen
wenigstens so vorkommen. An der ungarisch-kroati-
schen Grenze. Ziemlich einsam und entlegen, aber sehr
merkwürdig. Ich hab eine gewisse Sympathie für die
Gegend. Jugenderinnerungen. Drei Leutnantsjahre.

Offenbar bild ich mir ein, ich werde dort wieder jung werden. Na, wer weiß." [...]

„Ich weiß nicht", sagte Georg, „aber ich stell mir die Gegend ein bissel melancholisch vor."

„Melancholisch? Na, mir scheint, in einer gewissen Lebensepoche kriegt jede Gegend ein melancholisches Ansehen." Und er blickte rings um sich, wie um sich einen neuen Beweis von der Wahrheit seiner Worte zu verschaffen.

„In welcher Epoche?"

„Na, wenn man anfängt alt zu werden."

Georg lächelte. Demeter erschien ihm so schön, und trotz der grauen Haare an den Schläfen noch jung. „Wie alt sind Sie denn, Herr Stanzides, wenn ich fragen darf?"

„Siebenunddreißig. Ich sag ja nicht alt sein, sondern alt werden. Die Menschen reden meist erst vom Altwerden, wenn sie's schon lang sind."

Am Ende des Gartens, dort wo er an die Mauer stieß, setzten sie sich auf eine Bank. Von hier aus hatten sie das Hotel und die große Gartenterrasse im Auge. [...]

„Sie gehen übrigens auch von Wien fort, hab ich gehört", sagte Demeter.

„Ja, das ist sehr wahrscheinlich ... wenn ich nämlich eine Stellung an irgendeiner Opernbühne bekomme. Na und ist's heuer nicht, so ist's nächstes Jahr." Demeter saß mit übereinandergeschlagenen Beinen, hielt das eine mit der Hand beim Knöchel fest und nickte. „Ja, ja. […] Ein Talent zu haben ist schon was Schönes. Da muss sich auch das mit den Lebensepochen irgendwie anders verhalten. Das ist eigentlich auch das einzige, um was ich einen Menschen beneiden könnte."

„Dazu haben Sie doch keinen Grund. Überhaupt Leute mit Talent sind gar nicht zu beneiden. Höchstens Leute mit Genie. Und die beneide ich wahrscheinlich noch mehr, als Sie es tun. Aber ich finde, Talente, wie das Ihrige, sind etwas viel Absoluteres, etwas viel Sicheres sozusagen. Man ist halt gelegentlich nicht in Form, gut … aber da leistet man, wenn man überhaupt was kann, noch immer sehr Beträchtliches, während unsereiner, wenn er nicht in Form ist, gleich ein vollkommener Pfründner ist."

Demeter lachte. „Ja, aber es hält länger, so ein künstlerisches Talent, und es bildet sich mit den Jahren sogar weiter aus. Zum Beispiel der Beethoven. Die neunte Symphonie ist doch die allerschönste, nicht wahr? Na, und der zweite Teil Faust! … Während wir mit den Jahren unbedingt zurückgehen, da hilft nichts. Selbst die Beethovens unter uns! Und wie früh das schon anfängt. Von ganz seltenen Ausnahmen abgesehen. Ich zum Beispiel war mit fünfundzwanzig auf der Höhe.

Nie wieder hab ich das erreicht, was ich mit fünfundzwanzig in mir gehabt hab. Ja, lieber Baron, das waren
Zeiten!"

„Na, ich erinnere mich, Sie vor zwei Jahren ein Rennen
gewinnen gesehen zu haben gegen Buzgo, der damals
Favorit war, ... ich hab sogar auf ihn gewettet gehabt ..."

„Lieber Baron", unterbrach ihn Stanzides. „Glauben
Sie mir, ich weiß, warum ich aufgehört hab. So was
kann man nur selber spüren. Und darum weiß eben
keiner so gut, wann das Altwerden anfängt, wie ein
Sportsmann. Da nützt auch alles Weitertrainieren
nicht. Es wird nur eine künstliche Sache. Und wenn
Ihnen einer erzählt, dass es anders ist, dann ist er einfach ... aber da kommen ja unsere Damen."

Käthe Lachmann

Kindergeburtstag Vintage-Style

Mein Patenkind Liselotte hatte Geburtstag, sie wurde zehn und natürlich waren wir alle schon ganz aufgeregt. Ihre Mutter ist alleinerziehend, und so bot ich ihr an, zu helfen.

Wir wollten dem Kind etwas ganz Besonderes bieten, und so fragte ich Liselotte, was sie denn mit ihren Freundinnen machen wollte.

Ich habe vorgeschlagen, dass wir eine Übernachtungsparty machen, und hab gesagt: „Die Gäste kommen gegen 16 Uhr und bleiben bis am nächsten Tag um 12, 13 Uhr…"

Liselotte schüttelte den Kopf: „Nee, das hatte ich doch erst bei Clara. Das will ich nicht. Da schläft man erst so spät…"

Ich: „Welcher ist denn dein Lieblingsfilm?"

Lilo: „Findet Nemo."

Ich: „Wir könnten einen Beamer mieten und ihr könnt den Film zusammen gucken!"

Lilo: „Hmm, ich weiß nicht, das hat Annika doch schon gemacht. Und die haben ein Kino gemietet."

Kurze Pause. Toll, Kino gemietet, dachte ich. Wahrscheinlich das Cinemaxx. Aber das können wir auch: „Oder wir mieten einen Zirkus, und ihr lernt Kunststücke und führt die dann den Eltern vor, die abends kommen ..."

Lilo: „Nee, das hat Paula ja gemacht, das war langweilig."

Ich hatte es! „Du, ich könnte mir vorstellen, dass wir ein Fotostudio mieten, und wir machen ein professionelles Fotoshooting wie bei Germanys Next Topmodel mit euch?"

Lilo, zögernd: „Vielleicht, aber das hatten wir ja schon bei Silja-Marie."

Ich, genervt: „Oder willst du vielleicht mit deinen Gästen ein Musikvideo drehen? Mit Choreograf und Maskenbildnerin? Wo ihr Zehnjährigen nuttig geschminkt und in knappen Klamotten obszöne Posen lernt und dann 'ne DVD davon mit nach Hause nehmen könnt?"

Lilo strahlend: „Super! JA!" (Pause) „Das war total toll bei Lina!"

Verdammt noch mal, das hatten sie auch schon gemacht? Mühsam beherrscht schlug ich vor: „Oder wollen wir einen Survival-Guide engagieren und euch mit dem Helikopter in die Rocky Mountains fliegen, wo wir euch ganz alleine aussetzen, und ihr müsst dann mit dem Navi von euren IPhones wieder nach Hause finden?"

Lilo, gelangweilt: „Hmm, joah, das haben wir ja bei Fietes Geburtstag schon gemacht, und Finn haben sie bis heute nicht gefunden …"

Ich, richtig wütend: „Dann weiß ich es auch nicht! Ihr seid ja wirklich so verwöhnt – wie wär's denn mit einem Freundschaftsspiel gegen die Nationalelf? Meet and Greet mit Katy Perry? Sollen wir David Copperfield einladen? Und ihr trefft euch mit Justin Bieber? In L.A.? WIR haben früher ganz andere Sachen gemacht an unserem Geburtstag, wir haben miteinander gespielt! Reise nach Jerusalem haben wir gespielt, da hat man immer einen Stuhl mehr weggenommen, bis schließlich nur noch einer für zwei Kinder übrig war, und wer den dann ergattert hat, der hat gewonnen! Oder dieses Spiel mit der Schokolade: Man würfelt und wer 'ne Sechs hat, darf sich 'ne Mütze und Schal und Handschuhe anziehen und mit Messer und Gabel Schokolade essen, mit dicken Fausthandschuhen! Und die anderen haben weitergewürfelt, und wenn man dann ENDLICH alles anhatte und die Schokoladen-verpackung irgendwie aufgerissen hatte, dann durfte der NÄCHSTE! Oder kennst du Wurstschnappen? Da haben die Eltern Würstchen an eine Schnur gebunden und immer wieder hoch und runter gelassen, und man musste versuchen, ohne Hände, nur mit dem Mund die Würstchen zu schnappen, ja, echte Würstchen, damals gab's noch keine Vegetarier! Oder Topfschlagen! Da kriecht man debil mit verbundenen Augen auf dem Boden lang, auf allen vieren, und man haut immer wie bescheuert mit einem Holzlöffel auf den Boden, und die anderen sagen immer ,heiß' oder ,kalt', je nachdem, wie weit man vom Topf entfernt ist, und irgendwann trifft man den Topf und da ist dann ein Knoppers drunter! EIN KNOPPERS! Keine Karte für ein Ariana-Grande-Konzert, nein, ein Knoppers! Ach, was sag ich denn, bei uns gab's ja noch nicht einmal ein Knoppers, damals gab's nur HANUTA!!"

Lilo hüpfte freudig auf und ab: „Au ja, ich will Topfschlagen machen!"

Ich überlegte kurz: „Hmm, nein, das möchte ich nicht – das hatten wir neulich erst bei den Winklers."

Anke Brausch

40 –
Wenn die Kerzen mehr kosten als die Torte

Wissenschaftler haben herausgefunden, dass Menschen, die öfter Geburtstag haben, länger leben.

Erst im Teenageralter wurde mir bewusst, dass man ab einem gewissen Lebensjahr in einer speziellen Rubrik der örtlichen Zeitung Erwähnung findet, wenn man Geburtstag hat.

Unter „Wir gratulieren" findet man Woche für Woche die Namen der Senioren, deren Alter einen bestimmten Wert erreicht oder überschritten hat. Wenn man super, super alt wird, kommt sogar der Bürgermeister mit einem hübschen Strauß Blumen vorbei und gratuliert höchstpersönlich – wow! Ist doch eine nette Geste!

Im Laufe der Zeit stellte ich aber fest, dass nicht alle älteren Menschen begeistert von dieser öffentlichen Bekanntmachung sind und daher ein Abdrucken ihres Ehrentages in der Zeitung ablehnen. Ebenso verzichten sie gerne auf den Besuch des Bürgermeisters und auch auf seine mitgebrachten Blumen, die, sieht man es mal ganz dramatisch, vielleicht schon ein erster Vorbote in Richtung Grabschmuck sind – die Rubrik „Wir gratulieren" steht vielleicht auch nicht zufällig gleich über der Spalte „Verstorbene".

Eigentlich ist ‚Geburtstag haben' doch toll! Man steht im Mittelpunkt des Geschehens, bekommt Glückwünsche und Geschenke, Umarmungen, Händeschütteln, Schulterklopfen, Schokotorte und lieb gemeinte Worte. Viele singen ein Ständchen, überall erschallt „Wie schön, dass du geboren bist" und „Hoch soll sie leben". Als ich meinen 18. Geburtstag erreichte – das war damals, als man beim Telefonieren noch verträumt die Finger in der Strippe verknoten konnte – und 99 % der Gratulanten nicht nur davon sangen, wie sehr sie mich vermissen würden, wäre ich nie geboren worden – was im Übrigen überhaupt keinen Sinn macht, denn gäbe es mich nicht, würde ich auch niemandem fehlen –, sondern mir auch ständig sagten, ich sei nun „volljährig", kam ich ins Grübeln.

Volljährig. Was soll das nun wieder bedeuten? Okay, ich durfte nun (offiziell) Auto fahren und über meinen Zapfenstreich selbst entscheiden, aber sonst sind mit der Volljährigkeit doch nur langweilige Privilegien verbunden. Wählen gehen zum Beispiel. Entscheiden, welchen Beruf man ausüben will. Strafmündig sein. Eigenständig Geld verdienen und sich selbst finanzieren. Erwachsen sein – im wahrsten Sinne des Wortes über Nacht.

War ich am späten Abend des 5.7.1991 noch ein unmündiges Kind, das zur Realität nur sporadisch Kontakt hatte, das dem Schutz von Eltern und Gesetz unterstand, dessen kleine Eskapaden man mit Humor nahm, war ich doch schließlich noch ein unwissender Teenie, so sollte ich nun Schlag 0 Uhr volljährig und super seriös sein. Ist das nicht ein bisschen viel verlangt?

Nun gab es keine Narrenfreiheit mehr! Schluss mit dem unbeschwerten Leben und dem Augenzudrücken. Ich ahnte damals schon, dass Älterwerden nicht so mein Ding ist …

In der Regel schwindele ich mein Alter betreffend ohnehin immer. Oder ich versuche geschickt, das Thema zu umgehen.

Wenn jemand sagt: „Ich bin 24, und du?", antworte ich meist mit: „Ich? Ähm … auch was mit Zahlen."

Da ich noch recht jung aussehe, wird mir an sich auch immer Glauben geschenkt, wenn ich Altersangaben mache, die schon längst der Vergangenheit angehören. Die meisten Menschen wundern sich nicht mal über mein reichhaltiges Wissen bzgl. der 80er und der frühen 90er. Die halten mich sicher einfach für umfassend gebildet.

Da wirst du 5 und denkst „Och, ich hab noch so viel Zeit im Leben", und plötzlich bist du 18! Vorbei die Geburtstage mit Topfschlagen, Eierlaufen und Schokoladenwettessen – wie sieht das auch aus, wenn der Bürgermeister zu Besuch kommt und du 'ne Kuchenkrümel-Schnute hast.

Das war's also mit Party! Was gibt es denn auch noch groß zu feiern? Das Älterwerden? Falten und Runzeln? Hängebrüste? Dass man überhaupt noch da ist?

Die Menschen, die einen vermissen würden, wäre man nicht geboren, werden auch immer weniger.

Und entsprechend dem Lied der Böhsen Onkelz „Nur die Besten sterben jung" muss man sich fast schon schämen, dass man noch lebt.

Vor 7 Jahren dann der Schock!

Am Nachmittag des 6.7.2008 – mein 35-ster Geburtstag – öffnete ich wie gewohnt den Briefkasten. Rechnungen, Werbung, das Übliche. Doch mitten in diesem Stapel zukünftigen Altpapiers kam plötzlich ein Brief zum Vorschein, mit dem ich (noch) nicht gerechnet hatte – ein Geburtstags-Glückwunsch-Schreiben vom Verbandsbürgermeister!

Echt jetzt???

Rosa Schmidt

Mein Mann, der Rentner, und dieses Internet

(Auszug)

Sonntag, 1. Januar

Himmel, bin ich gerädert. Dabei wurde es gestern doch gar nicht so spät. Wir können auch nichts mehr ab. Wie spät ist es? 15 Uhr? Ach so, das geht ja, ich mach die Augen noch mal zu. Hach, tut das gut.

Eine Sekunde später

15 Uhr???

Montag, 2. Januar

Der Morgen nach dem Morgen danach. Das neue Jahr beginnt so schleppend, wie das alte aufgehört hat. Das Problem ist: Bis Oktober waren Günther und ich im permanenten Freizeitstress. Nachdem er vor zwei Jahren in Rente gegangen ist, haben wir die ersten zwölf Monate noch etwas mit dem neuen Status gefremdelt. Nun, das ist vielleicht etwas untertrieben. (Es war zugegebenermaßen ein Schock für uns alle.) Danach aber war der Knoten geplatzt, und wir verfielen in einen gewissen Aktionismus. Kochkurs „Mediterrane Küche" an der VHS, Discofox-Kurs, Golf-Schnupperkurs, Wochenende in Paris. Kurz: Wir waren eines dieser Rentnerpärchen, die auf dem Fahrrad den Nachbarn „Immer auf Achse" zuriefen und die sogar – jaja, ich geb's zu – Postkarten mit dem Aufdruck „Viele Grüße aus dem Un-Ruhestand" verschickt haben.

Schon im Oktober aber trudelte unser Programm langsam aus.

Im November kam es endgültig zum Erliegen.

Inzwischen habe ich den dummen Verdacht, dass wir unsere Vorhaben hätten einteilen müssen. Ich meine, ich ärgere mich doch auch immer, wenn wir die Crossies während des Tatorts schon aufgegessen haben, bevor das erste Verhör stattfindet. Strecken ist das Stichwort! Bis wir achtzig werden, hätten wir schön im Zweijahrestakt irgendeinen Kurs belegen können. Aber nein, wir mussten ja alles in ein einziges Jahr quetschen.

Als ich zwischen den Jahren Ute (meine beste Freundin) getroffen habe und ihr von Günther erzählte, der mal wieder mit dem Sudoku-Block auf dem Sofa saß und Herrenschokolade futterte, seufzte sie wissend und sagte mit getragener Stimme: „Im ersten Jahr im Ruhestand findet man sich, im zweiten wird man aktiv, und im dritten kommt das große Loch."

„Ist das ein chinesisches Sprichwort?", fragte ich.

„Nein, das ist von mir", sagte Ute. „Erfahrung, meine Liebe. Erfahrung."

Irgendwann, meinte Ute, leben alle Rentner von Feiertag zu Feiertag. Oder von Renovierung zu Renovierung. „Großer Gott, du müsstest das Haus der Schröders sehen. Wie bei Schöner Wohnen! Aber die sind auch schon acht Jahre in Rente!"

Vielleicht sind die Feiertage für Günther und mich schon einmal ein Anfang. Irgendwas wird kommen. Ist nicht schon bald Ostern? Günther könnte sich doch schon mal in die Vorberei-

tung stürzen und zum Beispiel diese niedlichen Holzhasen basteln, die sie mal im ARD-Buffet gezeigt
haben. Könnte er nicht die ganzen Vorgärten in der
Nachbarschaft damit bestücken? Sehe schon vor mir,
wie Günther in wochenlanger Heimarbeit Holzhasen
aussägt.

18 Uhr

Habe nachgeschaut. Ostern ist dieses Jahr spät. Mitte
April. War das nicht manchmal wenigstens schon im
März???

Montag, 9. Januar

Das Wetter zermürbt mich. Seit einer Woche haben wir
Schneematsch. Und grauen Himmel. Durchgängig. Ich
mache mir schon ernsthaft Sorgen um meinen Vita-
min-D-Spiegel. Außerdem macht mich Günther in dieser Wetterlage wahnsinnig. Ich meine, einen
Sommerrentner lasse ich mir gefallen – gibt es dieses
Wort? Nun, es ist klar, was ich meine. Im Sommer gibt
es so viel für Günther zu tun (Garten! Vorgarten! Auto
putzen! Fahrradtouren!), dass es gar nicht weiter auf-
fällt, dass er keine Fünfzigstundenwoche mehr hat.
Aber ein Winterrentner? Das ist die wahre Prüfung!
Alles findet drinnen statt. Genauer, in unserem Wohn-

zimmer. In unserer Küche. Oder in Günthers Arbeits-
zimmer.

Deswegen beneide ich Leute, die in den Bergen wohnen. Hach, ich stelle mir das herrlich vor. Morgens
packen die Rentnermänner dort zeitig ihre Skisachen
zusammen, verabreden sich mit anderen Rentnermän-
nern am Sessellift, verbringen den Tag gemeinsam auf
der Piste, trinken dann noch ein Bierchen auf einer
Hütte und kommen spätabends mit roten Wangen wieder nach Hause. Aber uns im Flachland? Uns bleibt
doch nichts.

Habe den ganzen Vormittag ernsthaft darüber nach-
gedacht, ob wir uns in den Bergen nicht eine neue
Existenz aufbauen sollten. Zugegeben, ich kann mir
Günther nicht ganz in einer Lederhose vorstellen, aber
warum nicht noch einmal ganz neu anfangen?

Musste bei dem Gedanken dann aber doch schlucken
und an meine Treffen mit Ute denken. An Tante Lotti
(die Schwester meines Vaters), die im Heim lebt und die
ich fast jeden Tag besuche. An unseren wunderschönen
Garten. An die Geburtstagskaffeerunden mit den
Frauen aus der Nachbarschaft. Und selbst die soziale
Kontrolle (unsere Nachbarin Doris kann genau in
unser Schlafzimmerfenster sehen und beobachtet jeden
Tag akribisch, wann wir aufstehen) würde mir fehlen.

Ich hatte mich so in die Vorstellung, das alles hinter mir lassen zu müssen, hineingesteigert, dass mir doch tatsächlich die Tränen in die Augen stiegen. Plötzlich kam Günther ins Wohnzimmer.

„Was hast du?", fragte er besorgt, als er mich traurig ins Leere starren sah.

„Ach, nichts", schniefte ich. „Ich dachte nur, wir müssten umziehen."

Ratloses Schweigen. (Ich weiß seit über vierzig Jahren, dass ein Ingenieur nicht viel spricht, aber irgendwie irritiert es mich immer noch.)

„Und nun?", fragte er schließlich ein wenig unbeholfen.

„Und nun!", rief ich. „Genau das frage ich mich auch!"

Zwei Stunden später

Günther steht im Wohnzimmer und bügelt – ich traue meinen Augen nicht – Bettwäsche.

„Die muss doch nicht gebügelt werden", stoße ich in einer Mischung aus Wut und Hilflosigkeit hervor.

Günther bügelt stoisch weiter und sagt trotzig: „Ich bügele doch nur eine Seite!"

Jürgen von der Lippe, Monika Cleves

Alte Liebe

Sie trafen sich zufällig bei der Eröffnung einer Ausstellung im Museum für Zeitgenössische Kunst wieder und begrüßten einander herzlich mit gegenseitigen Umarmungen und Oberarmboxen.

„Das ist ja ein Ding, Mann, wir haben uns doch bestimmt 20 Jahre nicht gesehen!", sagte Hape, inzwischen selbst ein berühmter Maler.

„Wenn das mal ausreicht", lachte Bruno.

„Männer, es sind exakt 25 Jahre, ich weiß es genau", korrigierte Christian, dessen Gedächtnis wie eine Rechenmaschine funktionierte, weshalb er zu Recht die Leitung des Stadtarchivs innehatte. Gemeinsam gingen sie durch die Ausstellung, handelten luzid die Qualität der gezeigten Werke ab und genossen die alte Vertrautheit, die ihr gemeinsames Kunstinteresse rasch hatte auferstehen lassen. Sie hatten damals jede Menge saugute Zeit miteinander verbracht, bis sie erkannten, dass sie blöderweise alle in dieselbe Frau verknallt waren, aber das war lange her.

„Und, was treibt ihr so zum privaten Vergnügen?",

fragte Hape, nachdem sie sich im Foyer etwas zu trinken beschafft hatten.

„Im Augenblick guck ich mir am liebsten bei YouTube ‚Malen mit Bob Ross' an", erzählte Bruno, der als Chef-Produktdesigner einer Weltfirma im Elektroniksektor Auszeichnungen und die entsprechende Bezahlung einfuhr.

„Jau, ich erinnere mich", lachte Hape, „der war rattenscharf."

„Genau", kicherte Christian, „hab ich mir in den Siebzigern auch angeguckt, wie der mit seiner Afro-Mähne immer den Pinsel stakkato gegen die Staffelei schlug, pak pak pak pak pak."

„Heute ist das Kult", Hape schüttelte kaum wahrnehmbar den Kopf, „ich häng auch bei YouTube und schau mir die alten Folgen mit dem Koch aus der Muppet-Show an."

„Smörebröd, Smörebröd, römpömpöm", ahmte Christian laut das Erkennungslied der kochenden Puppe nach und fing sich einen kritischen Blick des Museumsdirektors ein.

„Mein Liebling", fuhr Hape unbeirrt laut fort, „ist die Folge, wo er schon die Shrimps in den Topf geworfen hat, und drei andere Shrimps kommen herein, so mit mexikanischen Hüten auf und Demoschildern mit

VIVA ZAPATA, und befreien die!" Hape lachte Tränen.

„Jetzt sag nicht…", wandten Hape und Bruno sich an Christian. „Doch, doch", gab dieser zu, „ich auch, bin auch regelmäßig bei YouTube und zieh mir die alten Kottan-Folgen rein."

In diesem Moment setzte sich die Eingangsdrehtür in Bewegung, wehte erst einen Schwall kalter Luft herein und dann sie, Sina. Die drei Freunde standen da wie vom Blitz getroffen, vom Donner gerührt und anschließend vom Defibrillator wieder ins Leben zurückgeholt. Das war nicht mehr die sinnliche 17-Jährige, die sie vor einem Vierteljahrhundert um den Verstand gebracht hatte, und doch kannten sie jede Falte, jede Pore, jede Hautunreinheit nicht nur ihres aufreizend verlebten Gesichts, sondern auch ihres von fremder Meisterhand gestrafften Körpers. Denn die Filmchen mit Sina hatten die meisten Klicks auf YouPorn, YouTubes versauter Schwester, bei der Hape, Bruno und Christian so gut wie jeden Abend vorbeischauten, nachdem sie ihr Nostalgieprogramm absolviert hatten.

„Ich muss nach Hause, zu Frau und Kindern", sagte Bruno, der als Erster sprechfähig aus dem Staunkoma erwachte.

„Ich muss auch los", sagte Christian und blickte auf seine 15.000-Euro-Breitling, „es ist schon zwanzig nach neun, und ich habe Katrin versprochen, spätestens um zehn zu Hause zu sein. Sie muss morgen früh raus, sie ist Krankenschwester, wisst ihr, und wir frühstücken immer gemeinsam. Das ist so ein Ritual von uns, das ist wegen der Wechselschicht enorm wichtig für unsere Beziehung, das versteht ihr sicher", reihte er nervös Satz an Satz und überprüfte dabei mit der rechten Hand den Sitz der Haare, die, schräg über den Schädel gekämmt, die drohende Glatze camouflierten. „Feiglinge", Hape schüttelte wieder den Kopf, „jetzt entspannt euch doch mal. Ihr habt sowieso keine Chance mehr." Er deutete mit dem Kopf in Sinas Richtung. Neben ihr stand jetzt der blendend aussehende junge Mann, der nach ihr hereingekommen war. Sie unterhielten sich angeregt und kamen direkt auf sie zu. Sie wandte den Blick von ihrem juvenilen Begleiter, und freudiges Erkennen blitzte in ihren jadegrünen Augen auf: „Nein, ich werd nicht mehr", rief sie ehrlich entzückt, „das Strebertrio, Bruno, Chris und Hape! Darf ich euch meinen Sohn vorstellen? Giovanni, diese drei Jungs waren mal hinter deiner alten Mutter her. Mensch, Hape, wenn ich damals gewusst hätte, dass du mal wo Riesen für ein Bild abgreifst! Bruno, du bist 'ne große Nummer in der Werbung, hab ich gelesen, und was machst du, Chris?"

„Ich leite das Stadtarchiv."

„Super, das ist immer eine sichere Sache, wenn die Stadt nicht gerade eine U-Bahn baut, wie damals in Köln."

Chris lächelte freudlos.

„Und was machst du, Sina?", fasste sich Hape als Erster ein Herz. „Ihr werdet lachen, ich habe mich mit Pornos dumm und dusselig verdient und leite seit einiger Zeit eine eigene Produktionsfirma; Giovanni ist mein Geschäftsführer. Wir produzieren Pornos für Frauen."

„Ah, das ist dann so ähnlich wie bei Iris Berben und ihrem Sohn, der produziert ja auch, oder?", fragte Christian.

„Ich bitte dich, Chris, das kann man nicht vergleichen, die ist doch viel älter!" Sina wollte sich schier ausschütten über ihren kleinen Joke. „Wollen wir unser Wiedersehen noch begießen, die schließen eh gleich?", fragte Sina in die Runde. „Aber ich hau schon mal ab, Mama, du weißt, ich muss Sloterdijk noch anrufen, und vielleicht sieht man sich noch", sagte Giovanni, küsste seine Mutter zärtlich auf die Wange, winkte in die Runde und war weg.

„So, Jungs, was machen wir nun mit dem angebrochenen Abend?"

„Tja, wir waren gerade dabei, uns zu verabschieden. Es war ein erfüllter Tag mit dir als Krönung, aber morgen wartet ein neuer Arbeitstag mit den üblichen Verpflichtungen", sagte Bruno eine Spur zu locker.

„Muss auch nach Hause zu meiner Frau, vielleicht guckt die ja gerade deine Pornos", schmunzelte Hape, und auch Christian zuckte bedauernd mit den Schultern.

„Schade", Sina war sichtlich enttäuscht, „ich hätte gerne da angeknüpft, wo wir vor 25 Jahren aufgehört haben!"

Die drei Freunde sahen sich völlig geplättet an.

„Wie meinst du das?", fand Hape als Erster die Sprache wieder.

„Na ja, ich habe euch doch erzählt, dass ich jetzt Pornos für Frauen produziere, und da sind auch ältere Menschen gefragt, ihr erinnert euch doch an Wolke 9, Sex im Alter, ein Riesenerfolg, und im Publikum nur Frauen."

„Du meinst", fragte Christian hörbar entsetzt, „wir sollen in einem Porno mitmachen?"

„In einem ehrlichen Erotikfilm für das reifere weibliche Publikum", sagte Sina und lächelte sie unschuldig an.

„Da bin ich noch zu jung für", sagte Bruno, „und ich brauch auch kein Geld im Moment."

Hape musste lachen.

„Kommt drauf an", sagte Christian, „wenn Sloterdijk auch mitspielt, würde ich es mir überlegen."

Sina schaute Hape neugierig an. „Ne, lass mal stecken, Sina", Hape kämpfte mit einem Lachflash und schnappte nach Luft, „ich glaube, ich würde vor Aufregung nichts zustande bringen, aber ich habe mal einen Porno gesehen, da saß so ein auf Franzose gequälter Maler mit Baskenmütze und gezwirbeltem Schnurrbart im Bild und malte das Ganze, die Rolle wäre was für mich!"

„Gekauft!", strahlte Sina. „Und ich habe auch schon den Titel: ‚Der Pinselstrich – Alte Nutten in Öl', kommt, Jungs, das ist wie Schwimmen, das verlernt man nicht!"

„Nein, nein", meinte Hape, „das sollte ein Witz sein! Ich schwinge meinen Pinsel nur noch auf meiner eigenen Leinwand, das reicht mir. Außerdem haben wir die sexuelle Revolution damals gemacht, ist heute nicht mehr mein Thema."

„Tja, da könntest du recht haben, ist heute wohl eher ein Frauending", sagte Sina, „also gut, dann lasst uns wenigstens Kärtchen tauschen, vielleicht ruft man sich mal an, zum Vatertag oder so."

Sinas Lachen hatte nichts an Suggestivkraft verloren, ebenso der Einblick in ihr Dekolleté, den sie bei der herzlichen Verabschiedung mit Küsschen auf die Wange gewährte.

„Immer noch ein heißer Ofen, was?", meinte Hape, als sie das Museum verließen. Bruno musste husten. „Kann man wohl sagen", krächzte er.

Christian schlug ihm freundschaftlich auf den Rücken. „Jetzt bloß keine Schnappatmung."

Lachend gingen sie ihrer Wege. Drei Monate später saßen sie in Begleitung ihrer Frauen erwartungsvoll in der ersten Reihe des Kinos, in dem die Premiere von Sinas neuester Erotik-Komödie „Reife Früchte schmecken süßer" in wenigen Minuten beginnen sollte. Sina hatte ihre hochoffizielle Einladung inklusive Flugtickets nach Hamburg und Zimmerreservierung im Kempinski-Atlantic handschriftlich ergänzt um die Zeile: „Die Begleitung der Gattin ist Voraussetzung!"

„Wo bleibt sie denn nur?", fragte Hape, als das Licht ausging und der rote Vorhang sich öffnete. „Sie ist doch schließlich die Hauptperson!"

Das sollte sich als Irrtum erweisen. Giovanni, Sinas Sohn, spielte den jungen, feurigen, immergeilen Latin Lover mit einem Faible für jung gebliebenes Gemüse.

Es schien ihm und den drei Hauptdarstellerinnen wirklich einen Riesenspaß zu machen. Für Bruno, Christian und Hape wurde es ein unvergesslicher Abend. Wann sieht man schließlich die eigene Frau schon mal in einem Porno? Dass Sloterdijk ganz kurz mal als Maler zu sehen war, kriegten sie gar nicht mit.

Quellen

Monika Bittl & Silke Neumayer, Fuck the Falten. Aus: Monika Bittl & Silke Neumayer, Ich hatte mich jünger in Erinnerung. © 2016 by Knaur Verlag. Ein Imprint der Verlagsgruppe Droemer Knaur GmbH & Co. KG, München, S.10-17. Mit freundlicher Genehmigung von Verlagsgruppe Droemer Knaur GmbH & Co. KG.

Anke Brausch, 40 – Wenn die Kerzen mehr kosten als die Torte. Aus: Anke Brausch, Alt bist du erst, wenn der Bürgermeister dir zum Geburtstag gratuliert. © bei der Autorin

Ilse Gräfin von Bredow, Siehste. Aus: Ilse Gräfin von Bredow, Das Hörgerät im Azaleentopf. © 2009, S. Fischer Verlag GmbH, Frankfurt am Main

Amelie Fried, Sex im Alter. Aus: Amelie Fried, Wildes Leben. Späte Einsichten und verblüffende Aussichten. © 2011 Wilhelm Heyne Verlag, München, in der Penguin Random House Verlagsgruppe GmbH

Axel Hacke, Ein Kühlschrank hat Angst. Aus: Axel Hacke, Das kolumnistische Manifest. © 2015 Verlag Antje Kunstmann GmbH, München

Lucinde Hutzenlaub / Heike Abidi, Auszug aus: Ich dachte, älter werden dauert länger. Ein Überlebenstraining für alle ab 50. © 2018 Penguin Verlag, München, in der Penguin Random House Verlagsgruppe GmbH

Liv Jansen, Auszug aus: Oma wird erwachsen. © bei der Autorin

Käthe Lachmann, Kindergeburtstag Vintage-Style. © bei der Autorin

Wir danken den Autoren und Verlagen für die freundliche Abdruckgenehmigung.